信森 毅博 ㊐著
TAKEHIRO Nobumori

顧客本位の業務運営 Ver2

「見える化」を通じた実践に向けた工夫

一般社団法人 金融財政事情研究会

はじめに

　金融機関の一顧客として、「金融機関の現場職員は『顧客のため』と思って働いているのに、なぜ、金融庁からさまざまな指摘を受けるのだろう」と感じることがありました。一方、金融庁職員として勤務するなかで、「金融機関は『顧客本位』に反するのではないか、という問題提起を、なぜ、理解してくださらないんだろう」とも感じました。この本は、この2つの疑問をもとに、私なりの「顧客本位」の考え方を示すために書いたものです。

　私は、日本銀行で20年ほど働いた後、8年間の民間コンサルタント会社勤めにおいて、「顧客のため」になる金融機関の取組みをお手伝いしました。その後、金融庁で3年間お世話になりました。金融庁ではコンダクト企画室長（の職務の1つ）として、金融機関による顧客本位の実践状況に関して対話・モニタリングを行いました。また、顧客本位が求められる理由などを、例などを用いて講演や寄稿を通じて直截に伝えてきたつもりです。

　こうしたキャリアを通じて、日本の金融業界を活力ある、世界に誇れるものとしたいと思ってきました。また、キャリアのなかで官民を問わず、そうした思いをもった方々に多くお目にかかりました。同じ思いを共有する方々が少なくないのに、上記のような疑問を感じるのはなぜか。官民にコミュニケーションギャップがあると感じます。たとえば、金融庁は、「顧客保護」と「顧客本位」の違いについてわかりやすい言葉で伝えて切れていません。半面、金融機関は「顧客のため」の意味を必ずしも突き詰めて考えていないのではないでしょうか。私からすると、顧客保護も顧客本位も「顧客のため」ですが、顧客保護を徹底しても顧客本位にはならないと思います（この点は本文で触れます）。

　金融庁は、「顧客本位の業務運営に関する原則」を通じて、金融機関に対して「顧客の最善の利益」実現のための姿勢や態度の明確化と実践を求めています。この実践は、単に金融商品・サービス提案方法の見直しにとどまりません。むしろ、ビジネスモデル転換やカルチャー改革を伴わないと成功し

ないと私は考えていますし、上記「原則」にも、そうした考え方は示されています。また、金融庁は、直接、顧客に接していない以上、具体的にどのような業務運営が望ましいかについて積極的な解答を有してもいないと考えるべきでしょう。顧客から寄せられた苦情を通じて、顧客本位に反する（と思われる）状況を指摘することが中心にならざるをえません。

　一方、金融機関においては、ポートフォリオ提案などの営業ツールの技術的見直しは進んでいます。半面で、経営陣のもとで組織全体が明確な方向性をもって顧客本位を実現しようとしている先は多くないように見受けられます。ビジネスモデル変革やカルチャー改革は、金融機関が顧客基盤等をふまえて自ら試行錯誤しながら行うべきものでしょう。それにもかかわらず、顧客から遠く「顧客の最善の利益」について具体的な解答をもちえない金融庁の意向を気にしすぎているように思います。

　こうしたギャップに、私は、もどかしさを感じていました。特に、2021年に強化した「見える化」は顧客本位の取組みをより具体的に顧客向けに示すことを意図したことが伝わり切れていないと思います。顧客本位は次の段階、顧客本位Version2へ移行したのですが、多くの「見える化」対応をみると、金融庁の意図とズレているようにすら感じます。そこで、本書では、私自身がコンサルタントとして、また金融庁の職員として経験したことをふまえて、ギャップを埋めるために顧客本位の整理をしたいと思います。

　整理にあたっては類書と異なる3つの特徴を意識しました。第一は、「原則」に書かれた内容にとどまらず、「原則」策定に至るまでの検討の経緯や他産業・各国の状況をふまえて、顧客本位の背景や行政手法の変化について整理することです。第二は、公表されている資料や講演を参考にして、（表現の仕方には変遷があるなか）金融庁が一貫した課題認識のもとで問題提起をしている一方、状況をふまえて行政手法を「進化」させていることを示すことです。第三は、金融庁職員として実際に日々、同僚と議論したことを反映することです。もちろん金融行政が状況に応じて変化することは当然ですから、今後の金融行政の方向性と本書の意見は一致しないかもしれません。また、本書で展開されている意見は私が考えてきたことを整理したものであっ

て、金融庁の公式見解ではないものも含まれています。そうした意見に係る部分は明示します。そのうえで、個人的な意見も顧客本位の実践に向けたヒントになればと考えています。

　本書は3つの編からなり、具体的な構成は次のとおりです。

　第Ⅰ編は、いわば理論編です。（「原則」の解説からではなく）「原則」の背景等から説き起こします。これは「原則」から顧客本位を考えたのでは、（皮肉なことに）顧客本位の実現はむずかしいと考えているためです。むしろ顧客本位そのものを理解し、自らのビジネスモデル等を考えたうえで、「原則」に沿った整理を行う必要があります。

　まず第1章では、「顧客本位とは何か」を「原則」検討の背景とともに整理します。そのうえで、「原則」が採用する行政手法—プリンシプルとベスト・プラクティス—に加えて、コンプライアンスにかかわるコンダクトリスクという概念を解説します。いずれの概念も、自ら考えることを要求するものですが、何を考えるべきかを理解するための参考にはなるはずです。次に第2章では、「見える化」の概要と目的、2021年に変更された金融庁作成の「事業者リスト」の背景となった考え方などを説明します。そのうえで、（「原則」検討の経緯などをもとに類書より踏み込んだかたちで）「見える化」の際に留意すべき原則の各内容について整理します。最後に第3章では、顧客本位を考えるうえで陥りがちな「誤解」、しばしば聞かれる批判や悩みについて整理しました。特に顧客本位を通じて収益を確保することの重要性やその方法、顧客本位と顧客満足や顧客保護との相違などについて第1章とは少し異なる角度からの説明を試みたつもりですので、この章だけを単独でお読みいただいてもわかる内容になっていると思います。

　第Ⅱ編は、金融機関において「顧客本位」実施と「見える化」活用に向けたポイントをお示しする実践編です。うち第4章では、金融機関が顧客本位の観点から自らのビジネスモデルを問い直す必要性や、いわゆるPDCAサイクルの重要性などを整理しました。営業ツールの技術的見直し以上に、金融機関が顧客基盤等をふまえて試行錯誤しながらカルチャー改革を行うべきことも示しています。次の第5章では、毎年の「見える化」作業を、金融機関

がどう活用すべきかをお示ししました。金融機関は顧客本位の実践に向けて３線管理体制を通じた内部検証を行ったり、金融庁との対話を行ったりするために「見える化」作業を積極的に活用すべきであるにもかかわらず、十分に用いられていないという私の問題意識が反映されています。

　最後の第Ⅲ編は、顧客本位原則の策定等に長くかかわってこられた中島淳一（前）金融庁長官と神田秀樹学習院大学教授へのインタビューを収録しています。技術的な内容以上に、お２人の思いを理解することは顧客本位の実践に役立つと考えたためです。

　なお、第Ⅰ編と第Ⅱ編の各節にコラムを設けて、顧客本位に関係する行政の大きな変化などについても私なりに整理してみました。

　この本が想定する主要な読者は３種類に分けられます。

　１つ目はいうまでもなく金融機関の方々です。ここで金融機関とは、特に顧客本位に基づくビジネスモデル確立に苦労されている（ように見受けられる）対面販売の金融機関、特に銀行を想定しています。経営陣（に近い方々）には、第Ⅰ編の顧客本位の背景にある思想を理解し、ビジネスモデル転換を図る切っ掛けにして頂きたいと思います。一方、本部の各部門の方々には第Ⅱ編を、顧客本位に基づく具体的な取組みの検討・策定、さらには、その「見える化」に役立てていただきたいと思います。

　なお、顧客本位の実践に向けた提案手法等には触れていないため、日々現場で顧客に接している職員の方々に役立つと思われる実務的視点の提示はできてはいません。ただ、支店長などの役席者が顧客本位とは何かについて迷った際の参考にはなると思います。一方、ネット証券などの非対面販売の金融機関や金融商品の組成に携わる会社の方にも役立つ部分があることを期待しています。

　次に意識した層は金融庁や財務局で金融機関に日々接している若い方々です。金融庁で働くなかで、国益を意識して金融業界をよくしようという高い志をもった方々に多く出会いました。ただ、２年ほどの短いローテーションのもと、日々の業務に忙しく、顧客本位のさまざまな側面にさかのぼって考える時間が十分にないようにも感じました。さらに、金融検査マニュアルが

廃止された後、何を共通の土台として金融機関と対話すればよいのか戸惑っているようにも思いました。そうした方々が金融機関と自信をもって対話ができるように、第Ⅰ編に「原則」検討の経緯などを織り込みました。もちろん将来の行政運営や手法は状況に応じて変化していきますが、現在の運営方針がどんな背景や状況下で考えられた方策なのかを知っておくことは、将来の行政運営や手法を変える際に必要不可欠だと思っています。

　最後に期待する読者層はマスコミの方々です。顧客本位は、金融機関の工夫と顧客の選択の相互作用による実現が基本的な枠組みです。金融リテラシーが必ずしも十分ではない方々にとって、マスコミによる第三者的な立場からの説明は重要です。しかし、読者を引き付けるためか、金融庁対金融機関というわかりやすい構図で報道がなされることがあります。見出しがそうした構図になるのはわからなくもないのですが、私の経験上、本文までがそうした構図のもとで書かれているために違和感を受けることがありました。金融庁にも金融機関にも業界をよくしようという思いのある方は多く、両者は決して対立構造でとらえるべき関係にはないからです。何より顧客本位が目指す国民の資産形成は、金融庁と金融機関が協調しないと実現しません。金融庁が現象として指摘した課題だけを取り上げるのではなく、その背景にある考え方を理解していただき、金融機関の顧客と同時にマスコミの読者でもある方々の金融リテラシーを上げる必要がある、それが選択のメカニズムの前提になるとも感じていました。そうした記事を書いていただくための参考にしていただければとも思っています。

　各々の立場で本書を読んだ皆さんが、金融リテールビジネスにおいて「顧客の最善の利益」を実現しつつ収益を確保するためのヒントを得ていただけますと幸いです。

2023年8月

信森　毅博

◆参考文献一覧

【金融庁資料】

1．顧客本位原則の策定等

① 平成28年12月22日「市場ワーキング・グループ報告～国民の安定的な資産形成に向けた取組みと市場・取引所を巡る制度整備について～」（本文では「市場WG報告書Ⅰ」）
https://www.fsa.go.jp/singi/singi_kinyu/tosin/20161222-1/01.pdf

② 平成29年3月30日「コメントの概要及びそれに対する金融庁の考え方」（本文では「考え方Ⅰ」）
https://www.fsa.go.jp/news/28/20170330-1.html

③ 平成29年3月30日「「顧客本位の業務運営に関する原則」の定着に向けた取組み」（本文では「定着にむけた取組み」）
https://www.fsa.go.jp/news/28/20170330-1/03.pdf

④ 市場ワーキング・グループ各回の記事録（本文では「市場WG○回」）
https://www.fsa.go.jp/singi/singi_kinyu/base_gijiroku.html#market_wg

⑤ 平成30年6月29日「投資信託の販売会社における比較可能な共通KPIについて」
https://www.fsa.go.jp/news/30/sonota/20180629-3/20180629-3.html

⑥ 令和4年1月18日「外貨建保険の販売会社における比較可能な共通KPIについて」
https://www.fsa.go.jp/news/r3/hoken/20220118/20220118.html

2．顧客本位原則の改訂等

① 令和2年8月5日「金融審議会　市場ワーキング・グループ報告書—顧客本位の業務運営の進展に向けて—」（本文では「市場WG報告書Ⅱ」）
https://www.fsa.go.jp/singi/singi_kinyu/tosin/20200805/houkoku.pdf

② 令和2年9月25日「顧客本位の業務運営に関する原則」（改訂案）
https://www.fsa.go.jp/news/r2/singi/20200925/01.pdf

③ 令和3年1月15日「コメントの概要及びコメントに対する金融庁の考え方」（本文では「考え方Ⅱ」）
https://www.fsa.go.jp/news/r2/singi/20210115-1/01.pdf

④ 令和3年1月15日「改正監督指針金融商品取引業者等向けの総合的な監督指針　新旧対照表」
https://www.fsa.go.jp/news/r2/singi/20210115-1/03.pdf

⑤ 令和3年4月12日「顧客本位の業務運営の取組方針等に係る金融庁における好事例分析に当たってのポイント」
https://www.fsa.go.jp/policy/kokyakuhoni/fd_point.pdf

⑥　令和 3 年 4 月12日「取組方針等の記載や「金融事業者リスト」への掲載等に関する Q & A」最新版は、

https://www.fsa.go.jp/news/r4/kokyakuhoni/20230401/230403QA.pdf

3．顧客本位タスクフォース関係
・「金融審議会 市場制度ワーキング・グループ「顧客本位タスクフォース」中間報告（本文では「TF 報告書」）

https://www.fsa.go.jp/singi/singi_kinyu/tosin/20221209/01.pdf

4．その他：プリンシプル関係
・平成20年 4 月18日「金融サービス業におけるプリンシプルについて」（本文では「プリンシプルについて」）

https://www.fsa.go.jp/news/19/20080418-2/01.pdf

・平成20年 4 月18日「金融上の行政処分について」

https://www.fsa.go.jp/news/19/20080418-2/03.pdf

・平成30年 6 月29日「金融検査・監督の考え方と進め方（検査・監督基本方針）」

https://www.fsa.go.jp/news/30/wp/supervisory_approaches_revised.pdf

・平成30年10月15日「コンプライアンス・リスク管理に関する検査・監督の考え方と進め方（コンプライアンス・リスク管理基本方針）」（本文では「コンプラ方針」）

https://www.fsa.go.jp/news/30/dp/compliance_revised.pdf

・令和 5 年 4 月27日「オペレーショナル・レジリエンス確保に向けた基本的な考え方」

https://www.fsa.go.jp/news/r4/ginkou/20230427/02.pdf

【金融庁講演】以下から閲覧可能

https://www.fsa.go.jp/common/conference/danwa/kouen_kako.html

〈氷見野良三〉
令和 3 年 6 月14日「コロナ後の経済と金融」
令和 2 年 9 月24日「資本市場行政の課題と当面の対応」
〈遠藤俊英〉
令和元年11月13日「今後の金融行政―過去・現在・そして未来―」
平成30年11月21日【日本経済新聞社シンポジウム「人生100年時代、変革する金融サービス　オープニングリマークス」】
〈森信親〉
平成28年10月 5 日「より良い資金の流れの実現に向けて」
平成28年 8 月24日【金融モニタリング有識者会議（第 1 回）問題提起】
平成28年 4 月 7 日【日本証券アナリスト協会 第 7 回国際セミナー「資産運用にお

　ける新しいパラダイム」における森金融庁長官基調講演】
平成29年4月7日「日本の資産運用業界への期待」
〈佐藤隆文〉
平成19年9月12日「金融規制の質的向上：ルール準拠とプリンシプル準拠」

【金融庁関係者資料】
〈著作〉
佐々木清隆編著『グローバル金融規制と新たなリスクへの対応』きんざい（2021
　年）
池田唯一「金融資本市場をめぐる制度整備の動向」（証券レビュー第57巻第6号）
　（本文では【池田】）
佐藤隆文『資本市場とプリンシプル』日本経済新聞社（2019年）（本文では【佐
　藤】）
〈論稿〉
今泉宣親「投資信託を中心とする個人向け投資商品を販売する金融機関のフィ
　デューシャリー・デューティーについての検討」（ソフトロー研究第26号、2016
　年）
山﨑かおり「金融事業者が顧客から選択されるメカニズムの実現に向けて」週刊
　金融財政事情2021年5月25日号（本文では「キンザイ2021①」）
佐藤寿昭「金融事業者リスト公表と顧客本位の業務運営「見える化」の目的」週
　刊金融財政事情2021年10月5日号（本文では「キンザイ2021②」）
信森毅博・宮下文明「仕組み債問題から考えるコンダクトリスク管理上の課題：
　「顧客本位の業務運営」の実践で真に求められるものは何か」週刊金融財政事情
　2022年11月15日号

【その他参考書籍・資料】
神田秀樹「いわゆる受託者責任について：金融サービス法への構想」（財務省財務
　総合研究所「フィナンシャルレビュー」56号）
シドニー・デッカー（芳賀繁監訳）『ヒューマンエラーは防げるか―安全で公正な
　文化を築くには―』（東京大学出版会、2009年）
森本紀行『フィデューシャリー・デューティー顧客本位の業務運営とは何か』ビ
　ジネス教育出版社（2016年）

目　次

第Ｉ編　金融庁が示す「顧客本位」と「原則」の再整理

第 II 編　金融機関による「顧客本位」と「見える化」の実践

第Ⅲ編 インタビュー

顧客本位原則の究極的な目的は、将来に備えた国民の資産形成

前金融庁長官　**中島　淳一**

ビジネスモデル転換を伴う顧客本位の実現は「道半ば」

学習院大学教授　**神田　秀樹**

第 **I** 編

金融庁が示す「顧客本位」と「原則」の再整理

顧客本位という言葉は、金融業界に広まっているでしょう。その切っ掛けの1つが、金融庁が2017年に公表した「顧客本位の業務運営に関する原則」（以下「顧客本位原則」または「原則」）であることは間違いないと思います。その一方で、原則の策定から5年以上経っても、顧客本位の実践は道半ばとされることが多いようです。実際、最近の仕組債や外貨建て一時払い保険の大量かつ偏った販売のように、金融機関によっては顧客本位にそぐわないともみられる販売が商品を変えて繰り返し見受けられます。

　言葉が広まったにもかかわらず、なぜ道半ばなのでしょうか。端的にいえば、金融機関は顧客起点でビジネスモデルを考えるのではなく、金融庁が考えていることを気にしすぎているためかもしれません。

　顧客本位は、企業価値の中長期的な向上を目指すビジネスモデルそのものと筆者は考えています。ビジネスモデルならば、金融庁から指摘されるまでもなく、金融機関が自発的に対応すべきです。このこともふまえて、金融庁は、規制ではなく、方向性だけを示すプリンシプル方式を用いています。しかしながら、（さまざまなやむをえない事情もあって、）受け身で規制遵守の意識が強い金融機関は、プリンシプルの趣旨を十分に理解していない可能性はないでしょうか。原則の「精神・趣旨を咀嚼」することが求められているにもかかわらず、金融機関が原則を規制の延長と理解してしまっていることが危惧されます。

　別の見方をすると、金融機関は「顧客本位原則」という文書を「顧客本位」検討の出発点にしていないでしょうか。金融庁は、（後に何度も触れるとおり）金融機関に対して、顧客本位に向けた「創意工夫」を求めています。顧客本位を実現する画一的な方法があるとは考えていません。それにもかかわらず、金融庁を過度に気にするようでは顧客本位の実現はおぼつかないと思います。

　第I編では、「顧客本位」や「原則」が目指すものを考えたうえで（第1章）、その実現手段の1つである「見える化」の目的や趣旨を整理したいと思います（第2章）。さらに、そうした整理もふまえて、私には「誤解」と思われる意見にも触れます（第3章）。

顧客本位が目指すもの

　顧客本位原則の資料はすでに多く出版され、それぞれわかりやすく解説されていると感じます。一方で、原則を策定した市場ワーキンググループ（以下「市場WG」）における議論や関連資料からうかがえる問題意識を整理したものは多くないようにも見受けられます。顧客本位の実現には、原則策定の経緯を理解することが必要でしょう。さらに、金融業界以外の他産業や他国の事情に目を向けて顧客本位の意味合いを確認することも有意義だと思います。まずは、こうした点から考えてまいりましょう。

(1)　顧客本位とは何か

　金融業界で「顧客本位」の言葉が広がった切っ掛けは、（冒頭で触れたとおり）金融庁による原則公表にあったことは疑いないでしょう。この原則は、市場WGによる提言を含む報告書（以下「市場WG報告書Ⅰ」）を受けて策定されました。策定３年後の2020年には、市場WGによる検証をふまえて報告書（以下「市場WG報告書Ⅱ」）が公表され、原則の充実等が図られています。さらに、2022年に出された「顧客本位タスクフォース」中間報告（以下「TF報告」）をふまえて、顧客の最善の利益の確保に関して法定義務化が目指されるなど、金融庁も顧客本位の定着には強い関心を持ち続けています。

　これらの「顧客本位原則」に関する金融庁資料と「顧客本位」の概念や実践とは区別したほうがよいと筆者は考えています。具体的には、原則の項目に沿った対応をすれば顧客本位が実現するのではなく、顧客本位に沿ったビジネスモデル転換をふまえて、原則ごとに実施の有無を整理する必要がある

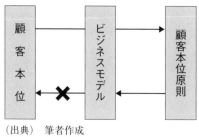

図表 I － 1　顧客本位とビジネスモデル

（出典）　筆者作成

のではないでしょうか（図表 I － 1 参照）。

(i)　「顧客本位」の概要と背景

顧客本位とビジネス

　顧客本位は何も金融業界だけが用いている言葉ではありません。たとえば、日本品質協議会は、顧客本位を「目的は顧客価値の創造。価値の基準を顧客からの評価におく」こととしています[1]。言葉そのものは少し変わりますが、同じ趣旨で「顧客第一主義」を経営理念や経営方針として掲げている企業も多いようです。

　顧客本位などを強調する背景には、企業は顧客に価値をもたらす商品を提供することで顧客基盤を固め、ビジネスを維持してきたことがあるのでしょう。さらに、商品だけではなく、商品提供の前後でのサービスに力を入れて、顧客の信頼を確保することにも注力しています。いわば、金融業界以外では、（実践の程度はともかくとして）顧客の最善の利益を目指す顧客本位は当然の前提とされてきたといえそうです[2]。

　一方で、金融業界は規制業種として顧客以上に金融庁を意識してきたので

1　日本品質協議会は、「顧客価値経営の普及・推進を通じて、わが国経済の活性化と競争力の強化、豊かな社会の実現に資することを目的として1996年に創設された団体。https://member.jqac.com/contents/index.asp?patten_cd=12&page_no=21

2　佐々木清隆編著『グローバル金融規制と新たなリスクへの対応』（きんざい、2021）は、顧客本位に関するメーカー等事業法人へのヒアリングの際、「顧客本位は当社のビジネスそのものです。金融機関は顧客のために仕事をしていないんですか？」と指摘されたとしている。

しょう。このため、他の業界ほどには顧客本位を意識していなかったように感じます。

顧客本位と企業経営に関する考え方の変化

顧客本位によるビジネス実践への期待は、最近、より強まっているとも思います。たとえば、企業経営における最近の3つの考え方は顧客本位と整合的ではないでしょうか。

まず、①「ステークホルダー資本主義[3]」です。この考え方は、株主のみならず、顧客や従業員を含むさまざまな企業の関係者の利害をふまえた経営を求めています。営利企業として株主のために収益確保は必要だが、それだけでは十分ではない、企業存続には、社会や顧客の課題を解決することが重要と考えているのでしょう。

次の②「共通価値の創造（Creating Shared Value：CSV）[4]」もステークホルダー資本主義と同じ発想でしょう。CSVでは、社会課題のなかに潜在的な市場を見出し、そうした課題の解決に取り組むことで、ビジネスが創出されると考えています。言い換えると、社会価値の創造を通じて、（企業が求める）経済的な価値も創造されるという考え方です。

さらに、最近は、③パーパス経営も流行りです[5]。パーパス経営では、企業の存在意義（パーパス）を明確にし、社会に貢献する経営を実践する必要があると考えています。

この3つの考え方は、企業が幅広い「社会課題解決への貢献」にも対応する必要があることを強調している点で共通していると思います。ある時期まで強調された「株主の利益創出」のために企業が存在するという考え方から

3　ステークホルダー資本主義は、2019年8月に「ビジネス・ラウンドテーブル」（米国大手企業が構成する非営利団体）の声明で発表されたことを契機に広がり、2020年1月のダボス会議（世界経済フォーラム）の主題ともなった。

4　CSVは、経営学者のマイケル・ポーター教授が提唱した考え方。金融庁も、しばしば共通価値の創造の重要性を指摘している（たとえば、「平成28事務年度金融行政方針」）。

5　パーパス経営は、2018年に大手投資会社ブラックロック社CEOが、「企業が継続的に発展していくためには、すべての企業は、優れた業績のみならず、社会にいかに貢献していくかを示さなければなりません」（出典：LETTER TO CEO 2018: A Sense of Purposeブラックロック・ジャパン株式会社）と言及したことが始まりといわれている。

の変化です。これを受け、金融業界以外でも「顧客利益の確保」をあらためて掲げる先は増えてきていると感じます。

日本における顧客本位類似の考え方

翻って日本にも、古くから同様の考え方があるように思います。3つ紹介します。

第一は、「三方良し」です。もともとは、近江商人の行動原理である商売十訓の1番目「商売は、世の為、人の為の奉仕にして、利益はその当然の報酬なり」からの来歴です。利益確保のためだけではなく、世のために商売すべきと示唆していると理解されています。

2つ目は、この十訓の5番目「無理に売るな、客の好むものも売るな、客の為になるものを売れ」です。（第3章(3)で触れるとおり）顧客が口に出して欲したものを売ることが客のためになるわけではないことを含意しているのでしょう。こちらの言葉は第1訓以上に顧客本位的な考え方ではないでしょうか。

最後の3つ目は、③二宮尊徳の報徳思想を掲げたいと思います。「経済なき道徳は戯言」の一方で、「道徳なき経済は罪」とも指摘しています。経済（＝利益）を求める必要はあるが、利益確保だけに焦点を絞ることの問題を指摘していると理解しています。

日本的な経営に立ち返った対応

こうした3つの言葉をふまえると、上記の最近の経営思想と同じような考え方が日本にもあったといえるのではないでしょうか。むしろ、もともとは、日本においてのほうが顧客本位の考え方は強かったのではないかとすら筆者には思えます[6]。

実際、コーポレートガバナンス・コードは、「株主をはじめ顧客・従業員・地域社会等の立場をふまえたうえで意思決定を行い実行すること」と

6　もちろん、「国富論」の著者アダムスミスは、「道徳感情論」において、「近代社会における個人は、「共感（sympathy）」を原理としてまとまっており、そのことが社会を成立させるうえでは重要なこと」とも述べ、個人の利己的な側面だけに着目しているわけではない。

コーポレートガバナンスを定義しています。株主にとどまらない「ステークホルダー資本主義」と同じ考え方と理解できます。

　そうした考え方に立つと、日本の企業が、欧米と同じ方向で顧客本位のビジネスモデル転換を進めていることは、何も外圧でやらされているわけではないでしょう。日本企業がその経営理念に立ち返る動きと考えることができます。

(ii)　企業存続に必要かつ十分な条件としての顧客本位

顧客本位に対する反論

　顧客本位に基づくビジネスに対しては反論も予想されます。たとえば、「「お客様第一で、収益を追い求めることをやめる」ビジネスモデルでは、業績が落ち込む。そんなきれいごとでは経営はできないし、株主も満足しない」とか、「ビジネスモデル転換の必要性を指摘できるのは経営者の現場の苦労を知らないからだ」といったものです。

　（経営をしたことがない）筆者が経営者のご苦労をわかっているとは思いません。しかしながら「きれいごと」を実践している企業や、苦労して転換を遂げた経営者の話を直接・間接にお聞きしたことはあります。また、投資家が投資先の企業を選定する際の目線も単なる収益性から変わってきているようです。

顧客本位による収益確保の必要性

　もちろん企業が収益を確保してはならないわけではありません（第3章(1)参照）。ただ、収益は企業存続の必要条件にすぎず、十分条件ではないととらえるべきではないでしょうか。十分条件として社会課題解決に係る経営理念が求められることは、（先ほどの）パーパス経営などが強調しています。顧客に対して長期的利益を提供し続けることこそが、企業存続の必要かつ十分条件ではないでしょうか。顧客本位に基づくビジネスモデルへの転換こそが、経営者が対応すべき苦労とも感じます。

3つの社会変化への対応

　さらに、流行りの経営思想によらずとも、いくつかの社会変化を意識すれ

ば転換の必要性も理解できるのではないでしょうか。そうした変化も3つあげておきます。

　第一は、量的拡大を志向したビジネスモデルでは立ち行かないと考えられることです。人口が増加し経済が成長していれば、同じような商品・サービスの販売量と販売件数の拡大で収益を確保できたでしょう。しかしながら、同質的な拡大が可能だったのはすでに遠い過去のことです。もちろん、なかには、比較的最近リテールビジネスに注力し始め、他の分野対比で拡大余地がある金融機関もあるかもしれません。それでも、いずれかの段階で、量的拡大の限界に直面する可能性は高いと筆者は思います。

　第二は、環境変化が激しい時代に入ったことです。激しい変化の時代であることは、いわゆるVUCA（Volatility、Uncertainty、Complexity、Ambiguity）という言葉で、しばしば指摘されています。こうした時代には、相対的に先行きが予想しやすい安定的な時代と異なり、ビジネスモデルを構築し、変化させ続けなければならないでしょう。

　第三は、Z世代を中心とする人々の、社会貢献に対する意識の高まりです。彼らは、社会への関心や貢献意識が強いとされます。このため、社会課題を解決できる商品やサービスを提供する企業や社会貢献を重視する企業に興味をもつともいわれています。こうした人々にとって、収益だけを目標に掲げる企業は職場としての魅力に乏しいと映るでしょう。その場合、退職者が増加するのみならず、有望な学生が当該企業を就職先として選択しないことになります。

　こうした社会変化を感じていれば、ビジネスモデル転換に乗り出すことこそ、長い時間軸での経営責任を果たすために必要ということにはならないでしょうか。

社内外の身近な不満・苦情

　それでも、なおビジネスモデル転換をしようとしない経営者には、次のような社内外の身近な不満や苦情がないか、お聞きしたいところです。

　たとえば、「営業目標の設定に際して、顧客ニーズや自分の意見が反映されず、やらされ感しかない」「本部や上司は数値目標の達成にしか関心がな

い」「自分たちの成長にはつながらず、将来のキャリアがみえてこない」といった社内（従業員）からの不満です。こうした不満は、上記の社会貢献意識の高まりと関係するでしょう。こうした不満を放置していると、従業員の離反を招きかねません。若い従業員を中心とする仕事への意識の変化をふまえた対応が必要ではないでしょうか。

一方、社外（顧客）からの苦情として、「毎期末になると金融商品に関するお願い営業（プッシュセールス）ばかりにくる」「必要なときに連絡しても、必要のない商品ばかり提案される」「こちらの意向を聞かず、社内ルールに基づく説明ばかりしてうんざりする」といったものはないでしょうか。これらは旧来型の量・件数を意識した商品売りに対する不満とまとめられるでしょう。最近の消費者は個別のニーズに応じた対応、商品よりはサービスに重きを置いているのではないでしょうか。

いうまでもなく従業員と顧客は企業存続の基盤です。仮に、上記のような声があるとすれば、自社のビジネスモデル転換は必須と筆者は思います。

ⅲ 欧米金融業界における顧客本位の広がりと日本における受止め方

欧米の金融業界での進展

顧客本位は、金融業界で、どう理解されているでしょうか。まず、欧米金融機関では、顧客の利益確保に基づくビジネスモデル転換を図る必要があることは相応に理解されていると感じます。1つの例は、上記で触れたステークホルダー資本主義の主導者が米国金融機関大手JPモルガンのダイモンCEOであったことです。彼は、自社の株主に対しても同様のCEOレターを発しています。背景には、（上記のような）一般的な社会変化のみならず、リーマンショックの背景ともなった利益を最重要視する金融機関の行動（とその後の公的資金の投入）に対する強い批判が生じたことがあるのでしょう。

こうした批判もふまえてか、欧米当局は、司法が展開したフィデューシャリー・デューティー（以下「FD」）という法原理をふまえて、「顧客の利益」を優先するために制定法の整備を進めています（コラム1「各国の動向」参

照)。さらに、英国当局（Financial Conduct Authority）は、情報開示にとどまらず人々の認知バイアスをも意識した対応を金融機関に求めています（コラム10「金融商品販売では、「買主注意せよ」から「金融機関注意せよ」へ」参照）。また、顧客優先の進展は、FDが根づいていた英米に限りません。欧州も2010年以降は顧客利益への配慮を制定法上の義務として強化しています。

金融庁による問題提起

日本の金融業界をみてみましょう。「顧客の最善の利益」追求の観点から、最初に「FD」や「顧客本位」（という言葉）を用いたのは、金融庁でしょう。FDは2014年7月の「金融モニタリング基本方針」、顧客本位は2016年9月「平成27事務年度金融レポート」に登場します。さらに、「日本最高戦略2016—第四次産業革命に向けて—」で取り上げられたことを受けて[7]、「「共通価値の創造」を目指した金融機関のビジネスモデルの転換」（平成28事務年度金融行政方針2頁）が必要とあらためて示されました。

ただし、顧客の利益優先に向けた問題意識はより古そうです。金融庁は、2008年に「金融サービス業におけるプリンシプル」[8]において、「利用者の合理的な期待に応えるよう必要な注意を払い、誠実かつ職業的な注意深さをもって業務を行う」と指摘していました。しかしながら、公表直後に発生したリーマンショックにより、プリンシプルによる行政は中断せざるをえなかったのでしょう。その後、大きな行政手法の見直しの一環のなかで、あらためて顧客本位の重要性が指摘されています。

「顧客の最善の利益」確保に向け顧客本位やFDが重要と考える点において日本と世界は共通しているといえます。また、上記のような各国の動きも意識されています[9]。ただ、日本の顧客本位の推進はもっぱら行政が中心であ

7　同文書では、「商品開発・販売・運用・資産管理といった顧客の資産形成に携わる全ての事業者において、フィデューシャリー・デューティー（顧客本位の業務運営）の徹底が図られるよう、必要な対応について、金融審議会において検討を行う」とされている。

8　金融庁「金融サービス業におけるプリンシプルについて」（平成20年4月18日。以下「プリンシプルについて」）。その内容等は(2)で説明する。

9　池田唯一「金融資本市場をめぐる制度整備の動向」（証券レビュー第57巻第6号）（以下【池田】）6頁。

ること、手法の面で規制（ルール）ではなくプリンシプルがとられていることといった違う特徴もあります。この点は、本章(2)で触れたいと思います。

日本の金融機関による受止め方

では、金融庁の問題意識は金融機関と十分に共有されているでしょうか。筆者には、共有が不十分ななかで「FD」や「顧客本位」の言葉が先行しているように感じます。たしかに、金融機関も、（本章(2)で触れるとおり）マクロ経済面での課題をふまえて、投資信託の普及が重要と認識しました。しかしながら、金融機関からすると投資信託の普及は、資金利益低下などによりコア業務純益が伸び悩むなか、新たな目先の収益源と映った面が強かったのではないでしょうか。こうした目先の利益優先は、短期的には金融機関に収益をもたらします。しかし、長期的に安定した顧客基盤を得るには、顧客の最善の利益を確保する必要があるでしょう。残念ながら、そうした視点に欠ける印象はぬぐえません。

もちろん、日本の金融機関は欧米に比べて金融商品の販売にあたって「品よく」対応していることが多かったのは評価すべき側面です。実際、リーマンショック後、日本の金融機関に対する批判は欧米のように大きくはありませんでした。しかし、こうしたこともあってか、金融庁が、短期的利益から長期的利益志向へのビジネスモデル転換を促す意味を込めて顧客本位を掲げた点は、十分には伝わっていないと感じます。

日本におけるリテールビジネスの現状

日本の金融機関が、実際に顧客本位に基づき「顧客の利益」を優先しているか。疑問を感じる例もあります。たとえば、旧来のボリューム志向のもとで、多くの金融機関が投信等の営業を強化した結果、回転売買といった不適切な販売が行われた側面は否定できないのではないでしょうか。また、投信の回転売買にかえて、預金者層を含む顧客に対して、仕組債や外貨建て一時払い保険の集中的かつ大量の販売を行った先があるとも感じられます。

さらに、リテール分野で不祥事が生じた金融機関もありました。もちろん、背景には個別的な事情もあるでしょう。ただ、多くの金融機関に「短期的利益志向」の発想が残っているように見受けられます。これでは再び不祥

事が発生することも懸念されます。実際、市場WG報告書II（2頁参照）では、そうした課題認識が示されています。「さらに、ベスト・プラクティスを追求する以前の問題として、金融商品・サービスの販売・提供にあたり、顧客の属性や意向に反する取引や顧客の利益を犠牲にして業者の利益を追求する行為などの不適切な事例がいまだに見受けられる」との指摘です。

　こうしたことをふまえると、金融機関の経営陣におかれては、ビジネスモデルの転換が必要という意識を高める必要はないでしょうか。

コラム 1　各国の動向

　本コラムでは、各国における「顧客の最善の利益」に係る法制度を整理します。

米　　国

　1974年に連邦法ERISA（エリサ：Employee Retirement Income Security Act）が、企業年金の加入者がもつ受給権の保護を目的として制定されています。そのなかで、投資アドバイザー・マネージャーは、委託者であるアセットオーナーのみならず、最終受益者（年金受給者）に対しても、直接、FDを負うことを明確化しました。また、2019年には、SECが「最善の利益」規則を最終化し、（従来FDの対象外だった）ブローカー・ディーラー等に対して、証券取引等の推奨に際し、自らの経済的利益等を優先させず、推奨時点でリテール顧客の最善の利益となるよう行動することを求めています。

英　　国

　2012年7月英国政府から要請を受けジョン・ケイ教授が取りまとめた英国株式市場の構造的問題等に関する調査・分析資料（ケイ・レビュー）において、「原則5：インベストメント・チェーンの全参加者が、顧客との関係においてfiduciary standardsを遵守すべきである」とされ、顧客の利益を最優先することなどが掲げられています。

さらに、2022年のConsumer Duty[10]では、①Outcomeベースの原則と②Cross-Cutting Rulesで予見可能な損害の回避と③（同じく）リテール顧客の財務上の目的を実現できるようにサポートすることを求め、一段とFDが強化されています（後述コラム10参照）。

欧　　州

　2007年に施行されたMiFIDは、欧州連合の各加盟国は、投資会社が顧客に対して投資サービスを提供する際、顧客のベスト・インタレストに従って、誠実、公平かつ専門家として行動することを求めなければならないと規定しています。

国際機関（OECD）

　OECDは、2011年10月、金融消費者保護を目的として、「金融消費者保護に関するハイレベル原則」を策定しました。このハイレベル原則の対象は、金融サービス提供者のみならず、金融サービス提供者のために、または独立の立場で活動する第三者として、ブローカー、アドバイザーおよび仲介者を含むとされ、FDに関しては次の原則（抄訳）が特に関係します。

原則3：顧客の公平・公正な取扱い。すべての金融消費者は、金融サービス提供者との関係のすべての段階において、公平、誠実、公正に取り扱われるべき。

原則4：情報開示、透明性。金融サービス提供者等は、顧客に対して、基本的な利益、リスクおよび商品の条件に関する重要な情報を提供すべき。

原則6：金融サービス提供者等の責任ある業務活動。金融サービス提供者等は顧客のベスト・インタレストを図らなければならない。

10　PS22/9"A new Consumer Duty Feedback to CP21/36 and final rules Policy Statement"2022年7月公表（https://www.fca.org.uk/publication/policy/ps22-9.pdf）

(2)　顧客本位原則の概要、背景、対象

　これまで(1)では、金融庁が、金融業界が抱える課題認識をふまえて顧客本位を提示し、金融機関自身によるビジネスモデル確立・転換を求めていることに触れてきました。本項(2)では、原則の概要等とともに、それが日本のマクロ環境や大きな行政手法の変化もふまえて策定されていることを次の改定時の資料もふまえて示したいと思います（原則の詳しい内容は、第2章(3)で触れます）[11]。

・原則の確定時（2017年3月30日）に公表された「コメントの概要及びそれに対する金融庁の考え方」（以下「考え方Ⅰ」）
・原則の変更時（2021年1月15日）に公表された「コメントの概要及びコメントに対する金融庁の考え方」（以下「考え方Ⅱ」）
・原則の確定時（2017年3月30日）に公表された「「顧客本位の業務運営に関する原則」の定着に向けた取組み」（以下「定着に向けた取組み」）

(i)　顧客本位原則とは何か：お客様のために業務を行う際の姿勢・態度の明確化

　顧客本位原則は、市場WGの提言をふまえ、「金融事業者が顧客本位の業務運営におけるベスト・プラクティスを目指す上で有用と考えられる原則」です（原則中「本原則の目的」参照）。いささか同語反復的ですので、私なりに少しかみ砕くと、「金融事業者がリスク性金融商品の販売等を行う際に望ましい行動の考え方」を示したものとなります。そのなかでは、7つの個別原則を示すにとどめ（図表Ⅰ－2参照）、具体的な実践は、金融機関の創意工夫に期待することを明らかにしています。金融機関に対して、お客様のため

11　考え方Ⅰは、「顧客本位の業務運営に関する原則（案）」等、考え方Ⅱは「同（改定案）」等に対する意見として寄せられたコメントをふまえた金融庁の考え方を示したものである。多くのコメントに対して、金融機関が自ら判断することが基本であることを示しているが、留意すべきいくつかの指摘について本書では紹介する。

図表Ⅰ－2　顧客本位原則の概要

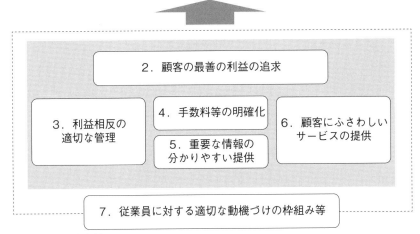

1. 顧客本位の業務運営に関する方針の策定・公表等

2. 顧客の最善の利益の追求

3. 利益相反の適切な管理

4. 手数料等の明確化

5. 重要な情報の分かりやすい提供

6. 顧客にふさわしいサービスの提供

7. 従業員に対する適切な動機づけの枠組み等

(出典)　金融庁資料

に業務を行う際の姿勢や態度を自ら考えることを求めているわけです。

　このなかでは、原則2「顧客の最善の利益の追求」が基本であり、金融機関は、自社が提供する「最善の利益」を明確化する必要があります。そのうえで、原則3～6が示す具体的な原則を、「最善の利益」につながるように検討する必要があります。さらに、経営陣は、原則7に基づき、各原則に沿った対応を従業員が実践するような枠組みを整備することも求められます。そのうえで、原則1に沿って、これらの内容に関する方針を策定・公表することとなります。

　この原則のもととなった市場WG報告書Ⅰは、以下の考え方を示しています。

　本来、金融事業者が自ら主体的に創意工夫を発揮し、ベスト・プラクティスを目指して顧客本位の良質な金融商品・サービスの提供を競い合い、より良い取組みを行う金融事業者が顧客から選択されていくメカニ

ズムの実現が望ましい。

　当局において、顧客本位の業務運営に関する原則（以下、「本原則」）を策定し、金融事業者に受け入れを呼びかけ、金融事業者が、本原則を踏まえて何が顧客のためになるかを真剣に考え、横並びに陥ることなく、より良い金融商品・サービスの提供を競い合うよう促していくことが適当である。

　原則は、上記メカニズム実現のためにあります。メカニズム実現には、原則の幅広い採択とともに、採択した金融機関の間で、顧客本位の良質な金融商品・サービスの提供をめぐって競い合うことが期待されています。さらに、競い合いのため、原則を「外形的に遵守することに腐心するのではなく、その趣旨・精神を自ら咀嚼した上で、それを実践していくためにはどのような行動を取るべきかを適切に判断する」ことを求めています（原則中の「本原則の採用するアプローチ」参照）。

(ii)　日本のマクロ経済面・行政手法の課題への対応

　市場WG報告書Ⅰが公表された背景には、日本の金融業界固有のいくつかの事情があります。うち2つはマクロ経済面の課題に関するもの、1つは行政手法に関するものであり、こうした事情の克服も原則は目指しています。

「お金を働かせること」と外貨建て一時払い保険

　第一の事情は、家計が保有する「お金が働いていない」ことです。とりわけ、資産形成層は、時間分散の効果を通じて「お金を働かせる」ことが期待できます。ところが、原則の策定当時、そして現在に至るまで、家計が保有する金融資産の大半は預貯金です。このため、そこから得られるリターンは低く、家計資産は安定的には増えていません。

　この問題意識は、金融庁資料から明らかです。たとえば、「平成28事務年度金融行政方針」において、「国民の安定的な資産形成を実現する資金の流れへの転換」が重点課題とされ、転換実現のためには、「顧客本位の業務運営」の確立・定着が柱となる施策として位置づけられています。わが国にお

いて人口減少や高齢化が進むなか、国民の資産を安定的に増大させることは大きな課題です。そのためには金融機関において顧客本位の業務運営が確立・定着していく必要がある、と考えられていることがうかがえます。

この問題意識をふまえると、たとえば、外貨建て一時払い保険が「お金を働かせること」に効率的かを意識する必要がないでしょうか。市場WG（1・4回など）での指摘に加えて、金融庁講演も「貯蓄性保険商品の販売であれば、これまでは、「この商品は、死亡保障と資産運用を同時に行うお客様のニーズに応えたパッケージ商品です」という説明だったのでしょうが、顧客の立場に立てば、個別の債券・投信と掛捨ての保険を別々に購入した場合とのコストの比較を顧客に理解してもらった上で投資判断をしてもらう必要があるのではないでしょうか」という指摘をしています[12]。

こうした指摘を受けて、原則も、パッケージ商品の取扱いにふれています[13]。しかし、「外貨建て一時払い保険は資産運用には向かない」と表明する金融機関もある一方、商品特性を意識せず、規制遵守のもとで一時期に大量販売を行ったようにみえる金融機関もあります。こうした販売姿勢は「お金を働かせたい」という問題意識を十分にふまえた対応になってはいないと筆者は考えています。

「よりよい資金の流れの実現」と仕組債

第二に、顧客本位は、「よりよい資金の流れ」の実現とも関係します。上述の「平成28事務年度金融行政方針」も、「経済の持続的な成長に資する、よりよい資金の流れを促進し、国民の安定的な資産形成の実現を目指す」と指摘していました。（主に国内外の）成長が見込まれる企業や産業への資金供給が目指されているわけです。

こうした「よりよい資金の流れ」の実現に向けて、金融庁の対応は一貫しています。具体的には、家計・金融機関・機関投資家・企業といったインベ

---

12 森長官講演「日本の資産運用業界への期待」平成29年4月7日。
13 考え方Ⅰ 項目120・140は、外貨建て一時払い保険や仕組債がパッケージ商品に該当することを指摘している。パッケージ商品の取扱いは、原則5（注2）と原則6（注3）。

ストメント・チェーンに関係するプレーヤーが、それぞれの抱える課題を克服していく必要があります。そのために、金融庁は、家計に対してはNISA・つみたてNISAをはじめとする働きかけを行い、企業に対してはコーポレートガバナンス・コードやスチュワードシップ・コードを通じたガバナンス改革等を求めています。顧客本位は、こうした他の「よりよい資金の流れ」の実現に向けた取組みと並行的に行われていることも重要なポイントでしょう。

　一方で、金融機関の「よりよい資金の流れ」に関する理解は十分でしょうか。仕組債を預金者層も含めた顧客に対して大量に販売した例もありますが、多くの仕組債は、（リスク分散に資する面がないとはいえず、一定条件を満たす顧客にメリットがないわけではないでしょうが）成長が期待される企業や産業に対する「よりよい資金の流れ」の実現に直接に寄与するものではないと思います。原則は、投信販売にだけに適用されるものではありませんから、「よりよい資金の流れ」の必要性を理解していれば、仕組債の販売偏重は生じなかったと思います。類似の商品を今後も大量に販売することは望ましくないでしょう（コラム8「「貯蓄から投資へ」再考」参照）。

　なお、（よりよい資金の流れは脇におくとしても）仕組債が、とりわけ資産形成のための商品として課題があることは市場WG（4・6回など）でもしばしば話題とされてきました。最近のTF報告書（4頁）でも「仕組債についてはそもそも一般の生活者に勧めるべきではなく、情報提供の問題ではないとの意見」も出されています。規制は遵守していても、顧客が口にした高いクーポンへの需要だけに着目して販売していたとすると、顧客本位や、その趣旨が理解できていないと指摘されても致し方ないのではないでしょうか。

行政手法における顧客保護から顧客本位への転換

　マクロ経済に係る事情とともに行政手法の転換を伴っている点も重要です。金融庁が、欧米のように一定の義務を課す規制の形態をとってきていないのは、「顧客保護等の規制を強化すれば、顧客本位が実現できるわけではない」と経験から考えたためです。

　金融庁は、従来、金融機関に対して、説明義務などの規制遵守を求め、遵

守状況をモニタリングし、必要に応じて処分等で実効性を担保してきました。この手法では、取組みの良し悪しを判断する、特定の行為をあらかじめ禁ずるといったかたちで金融庁の果たす役割は大きく、相応の効果がありました。しかしながら、金融庁が期待したような業界状況には必ずしもなっていないという認識が金融庁講演では示されています[14]。

実際、投機性の高い投資信託の大量販売を受けて「大手銀行を含めた販売会社を重点的に検査しましたが、検査の結果、法令等に違反する取引は、事実上、皆無だった」経緯もあるようです[15]。これは、金融庁の検証は、「説明を理解した」との確認書に署名押印があるかといった外形・形式面の確認が中心にならざるをえないためです。裏を返すと、各顧客の認識の程度といった内面・実質、ましてや顧客の真のニーズに合致した商品の販売だったかを明確にすることは困難です。さらに、規制遵守のもとで、金融機関には、手数料収入の増大といった目先の利益を優先し、顧客とともに中長期的に成長していくという経営姿勢が根づいていないのではないか、との指摘もしばしばありました。

こうした規制と検査等を中心とする手法に限界があることをふまえて、金融庁は手法の変化を進めています。この点は、「平成27事務年度金融行政方針」が、「金融行政においては、金融機関等の個々の活動を細かく規制するのではなく、金融機関等の創意工夫を引き出すことで、全体として質の高い金融サービスの実現を図っていくことが有効」と指摘しています。加えて、同文書は、（設立の経緯等からやむをえなかったのですが）金融機関にコンプライアンス遵守を求めてきたことから生じた弊害、たとえばコンプラ疲れ、に対処する必要があるという文脈において、「各金融機関が、自らの置かれた環境を踏まえ、それぞれに創意工夫を積み重ねることにより、より優れた業務運営（ベスト・プラクティス）を目指すことが、我が国金融の質の向上に

---

14 森長官は「金融庁としても、こうした決して最適とは言えない均衡からの脱却をこれまで実現できなかったことを、大いに反省しなければなりません」と指摘している（「日本の資産運用業界への期待」平成29年4月7日）。
15 森本紀行『フィデューシャリー・デューティー顧客本位の業務運営とは何か』（ビジネス教育出版社、2016年）96頁。

つながる」と示しています。この考え方は、「金融検査・監督の考え方と進め方（検査・監督基本方針）」（平成30年6月29日）において「ルール・ベースの行政からルールとプリンシプルのバランス重視へ」と整理されています。

　こうした新しい行政手法における金融庁の役割には、誤解があるかもしれません。金融庁は、積極的に顧客本位が何かは提示していません。むしろ、販売実態や苦情を通じて顧客本位に反していないかという問題提起を行っているにすぎないでしょう。典型的には、（上記でも触れた）仕組債や外貨建て一時払い保険に対する指摘です。これらの商品は、規制によって販売が禁止されているわけではなく、特定の属性や状況の顧客には一定の意義がある商品なのでしょう。しかしながら、すべての顧客にとって適切な商品とはいえないと思います。そうした商品性をふまえた問題提起に対して、金融機関は、十分な検証でもって経営レベルで合理的に判断し対応すればよく、販売停止といった対応を必ずしもとる必要はないと考えています。なぜなら、ビジネスモデル転換は経営判断として、金融機関自身が考えることだからです。逆に、金融庁は顧客に日々接しているわけではない以上、ビジネスモデルの正解など有していないでしょう。顧客の最善の利益とは何かは、顧客に接している金融機関自身が自ら主体的に考えるべきことです。この点は、原則策定時にも強調されています（市場WG10回など）。

　金融庁主導による顧客本位の導入は、その重要性を印象づけました。一方で、その実現方法に関して金融庁が具体的解を有していると考えるのは誤解だと思います。むしろ、金融機関は受動的ではなく、能動的・自主的に推進する必要があります。そうした意識に立って、ビジネスモデル転換を進めてこそ顧客本位が実現できるのではないでしょうか。

　また、行政手法の全般的見直しのなかで、義務色の強い「（Fiduciary）Duty」から「（顧客本位）原則」に用語を変えたことも意識すべきでしょう。原則では、行政（国家）の役割が低下する一方、市場メカニズム活用を通じて実効性が担保されます。国家と市場の役割の変化は金融行政の分野に限りません。この点は、経済産業省の整理が役立つと思います（コラム2「Society5.0における企業の役割の増加」参照）。

図表 I - 3　インベストメント・チェーン

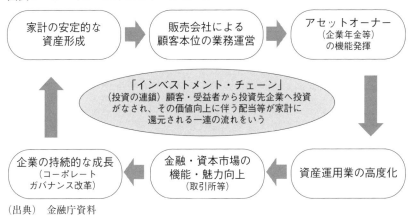

（出典）　金融庁資料

(iii)　原則の対象

　金融庁が原則に沿った対応を期待する主体は、「金融事業者」ですが、特にその定義はされていません。顧客本位の業務運営を目指す先が幅広く採択することを期待しているためです（原則における「本原則の対象」参照）。

　リテール顧客に対して直接、販売・提案を行う業者だけが意識されているわけではないことには留意が必要です。この点、原則1（注）において、「金融事業者は、……取引の相手方としての顧客だけでなく、インベストメント・チェーンにおける最終受益者としての顧客をも念頭におくべき」とされています。このインベストメント・チェーンとは「顧客・受益者から投資先企業へ投資がなされ、その価値向上に伴う配当等が家計に還元される一連の流れ」を指しています（図表 I - 3参照）。顧客本位原則は、他の2つのコードとともに、インベストメント・チェーンに属するすべての主体か、「最終受益者からの負託に応えてプロとしての真の能力を発揮することにより、一流の市場を育て」ることを1つの理想像として描いています[16]。なお、関連項目は、第2章(3)で整理します。

16　【池田】20頁。

Society5.0における企業の役割の増加

　原則が規制形式でない理由の1つに、規制が多種多様な「顧客の最善の利益」の実現に向かない点があります。背景には、法の制定・執行のあり方に関する問題意識もあります。本コラムでは、これに関連する経済産業省「GOVERNANCE INNOVATION——Society5.0の実現に向けた法とアーキテクチャのリ・デザイン」（2020年）に触れたいと思います。

　この資料で、経済産業省は、インターネット空間を主に想定しながら民間部門が主体的にコンプライANDエクスプレインを行う重要性を指摘しています。具体的には、社会のスピードや複雑さに法が追い付けない状況のなかでは次のような対応が必要と提言されています（提言を筆者が要約）。

---

(1)　ルール形成：細かな行為義務を示すルール・ベースの規制から、最終的に達成されるべき価値を示すゴールベースの規制にする。さらに、法規制の実効性と影響について、継続的にフィードバックを受け、見直しができるようにする。

(2)　モニタリング：企業による開示・説明を促す。

(3)　エンフォースメント：エンフォースメントのプロセスに企業が協力するインセンティブが働くようなルールやモニタリング体系の設計を行う。

　そのうえで、企業において「一定の法目的や社会的価値を実現していること（コンプライ）を前提としつつ、どのようなアーキテクチャによってそれを実現しているのかという点や、どのようにリスクを把握、評価し、コントロールしているかという点についてステークホルダーに対して説明（エクスプレイン）を行い、対話を通じて継続的にフィード

バックを得ることが重要となる」と指摘しています。背景には、従来型の以下の対応では、社会のスピードや複雑さに対応できないという問題意識があります。

---

(1)　ルール形成：国家が法規制を制定し、特定の規制対象（業）を定め、当該規制対象に対してどのような行為をすべきか（行為義務）を規定する。

(2)　モニタリング：規制当局が、法令違反の有無を含むオペレーションの状況を、……一定期間ごとに監督する。データは、検査官等が実地に赴くことで収集する。

(3)　エンフォースメント：規制当局や裁判所は、企業に法令違反や権利侵害行為があった場合に、典型的には行為者に故意又は過失があったかどうかを判断し、それが認められる場合に法的制裁（一定の刑事罰・行政罰や許認可の剥奪等）を科す。

資料の射程はインターネット空間ですが、旧来型の規制では課題に対処しきれない点は顧客本位にも当てはまるでしょう。顧客本位も、まさにコンプライANDエクスプレインを取り入れています。民間部門のルール形成への関与が重要と指摘する資料はほかにも多くあります。顧客本位の実効性の確保には金融機関の主体的な取組みが重要という観点から参考になる見解ではないでしょうか。

(3)　原則における行政手法の変化

　顧客本位原則は、従来の行政手法の限界をふまえて、従来と異なるベスト・プラクティスを目指すプリンシプルの手法をとっています。このうちプリンシプル方式は、実効性が規制に比べて弱い面もあり、当初からルールを完全に代替するわけではないことは明確にされています（市場WG報告書Ⅰ2

頁、考え方Ⅰ項目1〜12、148など参照）。実際、市場WG報告書ⅡやTF報告書に基づき、2020年、2022年にルール化も取り入れられています。それでも、以下の「原則」における記述は引き続き重要です。

経緯及び背景

・これまで、金融商品の分かりやすさの向上や、利益相反管理体制の整備といった目的で法令改正等が行われ、投資者保護のための取組みが進められてきたが、一方で、これらが最低基準（ミニマム・スタンダード）となり、金融事業者による形式的・画一的な対応を助長してきた面も指摘できる。

・本来、金融事業者が自ら主体的に創意工夫を発揮し、ベスト・プラクティスを目指して顧客本位の良質な金融商品・サービスの提供を競い合い、より良い取組みを行う金融事業者が顧客から選択されていくメカニズムの実現が望ましい。

・そのためには、従来型のルール・ベースでの対応のみを重ねるのではなく、プリンシプル・ベースのアプローチを用いることが有効であると考えられる。

　この「経緯及び背景」もふまえ、引き続き、ルールとプリンシプルの適正なバランスを模索する姿勢が維持されています。プリンシプルが維持されるか否かは、今後の金融機関の対応次第でしょうが、個人的には、原則に基づく自発的対応に期待したいところです。この方式の是非の判断にはいま少し時間をかけてもよいのではないでしょうか（コラム13「「顧客の最善の利益」確保の義務化の意義」参照）。

図表Ⅰ－4　原則と従来の手法との相違

	目　的	手　法	管理対象
規制（顧客保護）	ミニマム・スタンダード	ルール	コンプライアンス
顧客本位	ベスト・プラクティス	プリンシプル	コンダクトリスク

原則のもとでは、金融庁の役割は変わります。原則が「金融機関が特徴ある商品・サービスを提供する一方、顧客が、自らのニーズに沿った金融機関を選ぶメカニズムの発揮」を期待していることをふまえて、メカニズムが自律的に発揮される環境づくりが主な役割となります。裏を返すと、金融機関がビジネスモデル転換に主体的に取り組む必要があります[17]。

　ただ、上記カタカナ語の意味は十分に共有されず、金融機関の主体的取組みにつながっていないとも感じます。金融機関が「原則」に対応するには、従来の行政と異なる用語の①目的と②手法を理解したうえで、③管理する対象も変えていく必要があるものと筆者は考えています。以下では、重要なカタカナ語を中心に考えていきましょう（図表Ⅰ－4参照）。

(i)　目的：ミニマム・スタンダードとベスト・プラクティス

　原則が従来と異なる点の1つは、目的がミニマム・スタンダード（最低基準）の遵守ではなく、ベスト・プラクティス実現を通じてよりよい取組みを目指していることです。

　ベスト・プラクティスとは、金融機関独自の創意工夫の成果であり、常に進化し続けることが想定されています。平たくいえば、（奇をてらう必要はないですが）多くの先とは異なる独自性・差異化が求められます。この独自性・差異化の追求は、顧客による選択のメカニズム実現には必須の態度でしょう。金融機関は従来のような横並び意識から脱却して、新しい商品・サービス提供の方法を考える必要が生じます。

　目的がベスト・プラクティスとされたのは、ミニマム・スタンダードでは顧客対応の向上に限界があったからです。金融サービスは、概して、国民一人ひとりに広く・深くかかわるものです。特に比較的画一的な預金や決済サービスなどは公共性が強く、顧客保護等のため、ミニマム・スタンダードとしての標準的なルールを定める必要がありました。

17　【池田】24頁は、ビジネスモデルを展開することをサポートする有意義な取組みがあるなら追求したいとしつつ、「具体的なアイデアを持ち込んでいただいたことがあまりなく、残念に思っている」と指摘している。

しかしながら、さまざまなニーズに基づくリスク性金融商品の販売等においては、ミニマム・スタンダードによる規律では不十分であり、顧客の最善の利益は叶わないでしょう[18]。むしろ、必要な対応を委縮させてしまう可能性すらあります。たとえば、回転売買と顧客が主体的に行う買替えとの相違は、主観的判断に依存し、回転売買を外形的・客観的に定義することは困難です。そうしたなかで「回転売買」を禁止すると必要な取引を阻害することにもなりかねません。こうした技術的な困難もふまえると、細かな標準的ルールでミニマム・スタンダードを設けるよりも、ベスト・プラクティスのほうがなじみやすいのです。

　もちろん、ベスト・プラクティスだけで十分ではなく、ミニマム・スタンダードの対応も強化されました（コラム4「新しい局面に入った「顧客本位」：顧客本位Version 2」参照）。引き続き、望ましくない行動や手法が横行すれば、類型化できるものにはミニマム・スタンダードを確保するための対応が行われるでしょう。ただ、次々と異なる商品や手法が出てきてしまう可能性は高いでしょうから、ミニマム・スタンダードとしての規制は排除されていないものの、顧客本位原則はベスト・プラクティスを中心に据えています。

(ii)　手法：ルールとプリンシプル[19]

　原則の特徴の1つは、プリンシプル方式を採用していることです。このプリンシプルとは、「法令等個別ルールの基礎にあり、各金融機関等が業務を行う際、また当局が行政を行うにあたって、尊重すべき主要な行動規範・行動原則」と整理され、金融行政のさまざまな領域で徐々に取り入れられてい

---

[18]　遠藤長官は、「金融機関は、従来、業者起点の画一的な商品・サービスの提供を主に行ってきたとの指摘もあるやに承知しておりますが、近年、AIやビッグデータの活用といったデジタライゼーションの進展は、顧客ごとの対応を容易にするという点で顧客起点の金融サービスを後押しすることになろうかと思いますし、こうした動きに後押しされながら、金融機関は退職世代等の多様なニーズに応えていくことが期待されます」と指摘している（日本経済新聞社シンポジウム「人生100年時代、変革する金融サービス　オープニングリマークス」平成30年11月21日）。
[19]　ここでの説明は佐藤隆文『資本市場とプリンシプル』（日本経済新聞社2019年。以下【佐藤】）第2章「ルールとプリンシプル」を参考にしている。

る手法です[20]。導入時には「各金融機関における自主的な努力が不可欠であり、自助努力を尊重する必要があります。その際にいわば望ましい自助努力の目指すべき方向性を示すのが、プリンシプルの役割である」[21]ともされています。さらに、プリンシプルのもとでの監督は、「プリンシプルに沿って、各金融機関等がより良い経営に向け自主的な取組みを行っていくことに重点を置いていく」[22]こととなります。

プリンシプルは、ルールがもつ欠点への対応として採用されました。ルールは個別の取引や行動に適用され、必要に応じて当該取引等を禁じるものです。このため、一貫性や予見可能性を確保する観点から、比較的、厳密な言葉でもって示されます。これに伴い、画一的で形式化された規範となりがちです。さらに、法令等の頻繁な改正は行いにくく、社会変化に応じた柔軟性に欠けるとか、表面的なルール遵守のもとで実質的に顧客のためにならない不適切な対応が行われる可能性が排除できない欠点があります。

逆に、プリンシプルは一貫性や予見可能性が低いという難点があります。また、規範意識の低い者に対する実効性の確保に弱点があります。しかしながら、環境変化に対応できる柔軟性や市場の活力を生かす利点があり、こうした利点を生かすことが重要と考えたために採用されたのでしょう。

金融機関からみると、プリンシプルは自ら規律すること、ルールは他に規律されることとなる点に違いがあります。プリンシプルでは、行動原則に沿って行動することが個々および全体の利益につながるという自律的な動機に基づき、必要な行動を自ら考えることが期待されます。これに対して、ルールでは、金融庁に規制の実効性の確保（執行）の多くが期待されることから、他律的に金融機関の行動が律せられる面が強いこととなります。

留意すべきは、ルールとプリンシプルは、顧客保護と顧客本位というかたちで併存可能であり、原則が法令上の個別規定を代替するものではないこと

20　【佐藤】97頁。
21　佐藤隆文「金融規制の質的向上：ルール準拠とプリンシプル準拠」平成19年9月12日（以下「佐藤講演」）。
22　金融庁「プリンシプルについて」。

です（考え方Ⅰ項目18）。これは、（上記(i)で整理したことをふまえると）ミニマム・スタンダードはルールが規定する一方で、ベスト・プラクティスはプリンシプルを通じて訴求する、という異なる次元の規範と整理できるためです。このため、いくらミニマム・スタンダートとしてのルールを守ったところで、ベスト・プラクティスとしてのプリンシプルを満たさないことはあります。一方で、「金融事業者の自発的な受入れを呼び掛けていく」（考え方Ⅰ項目20）以上、未採択でも、直接的には罰則を伴う行政処分は行われません。ただし、プリンシプルだからといって、まったくの任意・努力義務にすぎないわけではありません。原則の考え方が、行政の対応の論拠になるなど一定の実効性を有すると筆者が考えている点はコラムで触れています（コラム3、12、14参照）。

　なお、ルールとプリンシプルの組合せは、スチュワードシップ・コードやコーポレートガバナンス・コードなど顧客本位以外の分野でも用いられています。急激な社会変化と利用者ニーズの多様化のもと、ルールによる行政の有効性は低下してきています。このため、金融庁は、ルールとプリンシプルを組み合わせて、市場の活力と節度を両立し、行政の実効性と効率性を高める方向に行政手法を変えてきています。

(iii)　管理対象：コンプライアンスとコンダクトリスク

　最後に顧客本位原則では触れていませんが、コンプライアンスとコンダクトリスクの観点から、筆者の考えるルールとプリンシプルの相違や原則の特徴を示したいと思います（図表Ⅰ－5参照）。

　コンダクトリスクは「法令として規律が整備されていないものの、①社会規範に悖る行為、②商慣習や市場慣行に反する行為、③利用者の視点の欠如した行為等」から生じえます[23]。うち③は「顧客のため」という視点が欠け

---

[23]　金融庁「コンプライアンス・リスク管理に関する検査・監督の考え方と進め方（コンプライアンス・リスク管理基本方針）」（平成30年10月15日。以下「コンプラ方針」）11頁。なお、コンプラ方針におけるコンプライアンス・リスクとコンダクトリスクは、ほぼ同一であるのに対し、コンプライアンスとコンプライアンス・リスクは異なる概念である。

図表Ⅰ−5　コンダクトリスク

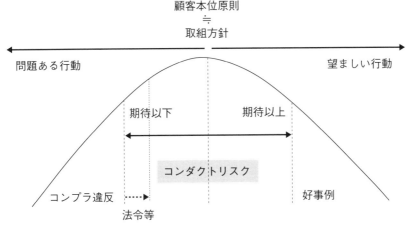

（出典）　英国 FCA「'Progress and challenges' 5 Conduct Questions Industry Feedback for 2018/19 Wholesale Banking Supervision」を参考に筆者作成。

ていることと同じでしょうから、顧客本位が実践できていないこととコンダクトリスクは裏腹の関係にあります[24]。また、顧客本位は「望ましい行動を進めること」である一方、コンダクトリスク管理は「望ましくない行動を防ぐこと」とも言い換えられます。そして、「望ましいか」「望ましくないか」は状況に応じて異なりうるものであり、両者の実践には臨機応変な態度が求められるでしょう。

　一方、コンプライアンスは、法令等の遵守として知られています。遵守対象となる法令「等」の範囲は広がっていますが、基本的には「行ってはならない行動」と「行わなければならない行動」を明確にしています。顧客保護がその典型であり、解釈の余地はあるとしても、基本的には画一的・形式的な対応が求められるでしょう。

　さらに、顧客本位によるコンダクトリスク管理と顧客保護等に係るコンプ

24　この点に関しては、筆者も信森毅博・宮下文明「仕組み債問題から考えるコンダクトリスク管理上の課題：「顧客本位の業務運営」の実践で真に求められるものは何か」（週刊金融財政事情2022年11月15日号）で整理したことがある。

ライアンス対応には、自律的か他律的かという重要な違いがあります。すなわち、顧客本位やコンダクトリスクは、顧客等の状況を想定したうえで望ましい行動を自ら設定する必要があること、言い換えれば自律的なルール設定が重要です。一方で、顧客保護等の規制やコンプライアンスは外部から設定される他律的なルールに従うものです。このため、原則では、「その趣旨・精神を自ら咀嚼した上で、それを実践していくためにはどのような行動をとるべきか」、すなわち、具体的な行動基準の設定が金融機関に求められます。

　プリンシプルに沿った具体的基準の策定がミニマム・スタンダードとして規範化につながらないかとの危惧も聞かれます。しかしながら、この基準は、金融庁が標準的画一的に定めるものではなく、金融機関が自らの状況をふまえて、自律的に定めるものです。そうである以上、標準的画一的なミニマム・スタンダードとは引き続き一線を画していると筆者は考えます。むしろ、取組方針は、従業員規則などと結びつけて各金融機関における行動基準として規範化することが望ましいとも思います。そうすることで、ベスト・プラクティスを徐々に定着することが期待されるためです。

コラム
3

金融庁のモニタリングの重要性──原則の実効性確保①

　プリンシプルの弱点の1つとして、規範意識のない者には効果が及ばないという指摘もなされます。しかしながら、原則を採択した場合、金融庁のモニタリングを通じた実態把握がプリンシプルに一定の実効性を付与すると筆者は考えます。

　まず、原則策定時に、「方針と異なる対応をとっていたことをもって直ちに金融商品取引法等の違反となるものではありませんが、法令違反と判断される事象があった場合には、法令に則り厳正に対処する必要がある」とされています（考え方Ⅰ項目62）。

　しかしながら、自らの取組方針と実践の状況が著しく異なる場合には、その不整合を説明する義務が生じうると解釈してもよいのではない

でしょうか。説明をなしえない金融機関は、最終的には監督権限（「公益または投資者保護のための必要かつ適当であると認めるとき」の報告徴求権限（金融商品取引法56条の２）等）の行使の対象にもなりうると考えるべきでしょう。つまり、自らが設定した「取組方針」を守れない状況を認知していないとか、（認知したうえで）放置している場合には、行政上の対応は排除されていないと筆者は考えます。「言いっ放し」は許されません。

　実際、資本市場の公正性・公平性に対する信頼を著しく損ないかねない行為が、「法令等諸規則に違反する行為ではないものの」「これを未然に防止すべき審査・監督体制が適切に整備されていなかったこと等を原因として発生した」ことは、「情報管理態勢に関する実効的な管理・監督を十分に行っておらず、経営管理態勢は十分なものではなかった」ものと認定され、行政処分に至った事例はあります。

　そのように考えれば、行政のモニタリングは実効性の担保手段となりえます。実際、「定着に向けた取組み」では、「各金融事業者の取組方針と、取組みの実態が乖離していることは無いか等について、当局がモニタリングを実施」するとされています[25]。また、【佐藤】は、行政によるモニタリングの重要性を以下のとおり指摘しています（90頁「実効的なモニタリング」）。

> 　情報開示が大きな効果を持つためには、開示された情報を用いる側の読者において、的確な分析・評価を行い積極的なアクションを起こすことが重要となる。これにより開示者は規範遵守への強いインセンティブを与えられる。このような活動を開示者に対するモニタリングと呼べば、実はプリンシプルごとにモニタリングを担うべき中核的な主体が存在する。

25　【池田】22頁は、「新しいやり方を目指しつつ、同時に実効性も確保しなければならない立場」について悩んだ結果が「当局によるモニタリング」と指摘している。

「顧客本位の業務運営に関する原則」が律するのは、個人・法人に金融サービスを提供する金融事業者であるので、本来的には顧客である個人・法人によるモニタリングが期待されている。……しかし、例えばリテール顧客一人一人がその作業を行って様々な金融事業者を評価することは現実的ではないとも言えるので、例えば「顧客本位度」を評価する専門家やシンクタンクの存在が重要になるだろう。最終的には、このプリンシプルを策定した金融庁自身がモニタリングを行えば、その効果は大であろう。

第 2 章

「見える化」が目指すもの

　第1章では、顧客本位の考え方や原則の背景について整理し、金融機関は原則の採択に先んじてビジネスモデル転換が求められていることを強調しました。第2章では、顧客本位の実現に向けた手段である「見える化」を考えたいと思います。

　原則の「見える化」は、金融機関が、顧客本位に向けた自らの取組み（取組方針）やその結果（取組状況）を対外的に示すことです。「見える化」は原則策定時から行われてきましたが、2021年に強化され、いまは差異を示す「見せる化」が必要と筆者は考えます。

　一方で、取組方針は原則の文言を少し変えた程度のものが多いことをみると、「見える化」の仕組みは十分に活用されていないようにも感じます。横並びの形式的・画一的な表現のものが多く、「見せる化」に必要な差異も示されていません。これはビジネスモデル転換抜きに顧客本位に取り組んでしまっているためかもしれません。

　強化された「見える化」は、顧客本位（の言葉）が定着したことを受けて、それをより実効的なものとするためのものです。机上で文章を整える作業ではなく、顧客本位の進展、いわば「顧客本位Version 2」に向けて実践的に用いるべきでしょう（コラム4「新しい局面に入った「顧客本位」：顧客本位Version 2」参照）。本章は、⑴「見える化」の概要と目的を整理したうえで、⑵「見える化」強化の背景と疑問に触れます。そのうえで、⑶「見える化」において参照する原則の各項目の整理をしたいと思います。

コラム 4

新しい局面に入った「顧客本位」；顧客本位Version 2

　「見える化」強化の出発点は、2020年に公表された市場WG報告書Ⅱで
す。この報告書は、①原則の具体的内容の充実[1]、②（原則のいっそうの
浸透・定着に向けた方策の一環として）「見える化」によるプリンシプ
ル・ベースの実効性向上に加えて、③監督指針の見直しによるルール・
ベース強化を提言しました。このうち、①充実後の原則と②「見える
化」は本章で取り上げています。本コラムでは、③監督指針の見直しの
内容等を整理したうえで、市場WG報告書Ⅱによって、顧客本位が次の
段階いわば顧客本位Version 2 に入っていると筆者が考えているわけを
説明したいと思います。

　監督指針見直しでは、①誠実公正義務・適合性原則に反する可能性の
ある行為と②適合性原則の内容の明確化に加えて、③不適当・不誠実な
行為の例示により[2]ルール強化の対応を行ったこととなります。その背
景には、プリンシプル・ベースでは顧客本位の実現が十分ではないとい
う問題意識があります。市場WG報告書Ⅱで次のように示されています
（2頁「ルールとプリンシプルの考え方」）。

　　より良い取組を行う金融事業者が顧客から選択されていくメカニ
　ズムを実現していくためには、金融事業者のベスト・プラクティス
　の実現を目指す「原則」の具体的内容の充実や新たな方策の導入に
　より、プリンシプル・ベースによる対応の実効性をより一層高めて

1　原則の充実としては、①顧客本位の商品提案力の向上と適切なフォローアップに関
　し原則6（注1）、②金融商品の組成に携わる金融事業者による想定顧客の公表に関し
　原則6（注2）と原則5（注1）、③顧客にとってわかりやすい情報提供のあり方に関
　し、原則5（注4）と（注5）、④従業員の業務の支援・検証を行うための体制に関し
　原則7（注）が修正・追加されている。
2　これらは「金融商品取引業者向けの総合的な監督指針」Ⅲ－2－3－1に盛り込ま
　れた。

いくことが望まれる。一方で、ベスト・プラクティスの対極にある不適切な事例に対しては、金融事業者が遵守すべき最低基準を定める法規制を適切に機能させるため、監督指針の改正により、ルールの適用についての明確化を図ることが必要と考えられる。このようにプリンシプル・ベースの対応を基本としつつ、ルールベースの対応を適切に組み合わせることにより、顧客本位の業務運営の更なる進展を図るべき。

このルール強化は、決して旧来型の行政への全面的回帰ではありません。プリンシプルに基づき、原則の具体的内容の充実や、「見える化」が一段と進めていることからもわかるとおり、あくまでも両者の適正なバランスを見直したにすぎません。

このようにプリンシプル・ベースでの対応の実効性向上も目指されていることを金融機関は意識すべきでしょう。これまでの創意工夫に加えて、その「見せる化」を通じて選択のメカニズム発揮が期待されており、「顧客本位」は、言葉の定着段階から真の意味での実践段階である顧客本位Version 2 に移行したと筆者は考えています。

(1)　見える化の概要と目的

見える化とは何か

「見える化」は、一般に、「企業や組織における財務、業務、戦略などの活動実態を具体化し、客観的にとらえられるようにすること」とされています[3]。可視化を通じて状況の改善を図る手法として、金融行政の分野でも意識されています（コラム5「金融行政の手法変化と「見える化」」参照）。

一方、この言葉が顧客本位において、最初に使われた講演では、「金融機

3　米川明彦『平成の新語・流行語辞典』（東京堂出版、2019年）183頁。

関の行動や組成・販売する商品が顧客にとってより見えやすく、わかりやすくすることで、金融機関の取組みが顧客から正当に評価され、より良い取組みを進める金融機関が顧客に選択されていくメカニズムを構築することを目指すもの」とされています[4]。「見える化」のもとで、金融庁は、（従来からの役割と異なり）「金融機関が顧客のほうを向いて、より良質なサービス・商品の提供に向けて競い合う環境を整備」することに注力することとなります。

　顧客本位における「見える化」の主な手段は取組方針と取組状況です。あらためて整理すると、取組方針は、金融機関が顧客本位に行動することを確約するものです。一方、取組状況はその確約の到達状況を示すものです。取組方針等をみせることが重要な点は、原則策定の2017年から意識されてきました。

各主体の対応の例示

　見える化で各主体に望まれる対応を、コラム5で紹介する金融庁講演にならい、レストランを例にとって考えてみましょう。講演では、「安くて美味しいレストランは賑わい、まずくて高い店は淘汰」されるためには（レストランの）努力が必要であり、「ミシュラン、ザガットや各種ウェブサイトが、良いレストランについての情報を提供してくれます。投資商品についても、同様のインフラが作られることが望ましいと考えます」と説明されています。

　この例にならうと、まず金融機関は、顧客に選んでもらうため、メニュー（取組方針）として、どんな商品・サービスが提供できるかを示す必要があります。その際、価格（コスト）は当然のことながら、カロリーや安全な素材情報など自らの訴えたいことを示すことも必要となるでしょう。逆に、規制で認められた添加物しか用いていないといったことは当たり前すぎて差別化にならないでしょう。

　一方、金融庁は、自らのHPでミシュランやザガットと「同様のインフラ」

4　金融庁が顧客本位に関して「見える化」について初めて言及したのは森金融庁長官基調講演「より良い資金の流れの実現に向けて」（平成28年10月5日）と思われる。

提供を行います。具体的には、顧客本位原則を採択した金融機関を一覧化した「金融事業者リスト」を公表してきました[5]。2021年からは「金融事業者リスト」掲載要件を変えて、「見える化」を強化しています。具体的には、金融機関が原則の各項目と取組方針・取組状況との対応関係を自らのHP上で明確にすることを求めたうえで、（金融庁が）明確なことを確認できた先について、原則項目同士が比較しやすいように整理して金融庁HPに掲載しています。

さらに、「第三者的な主体による金融事業者の業務運営の評価」も重要と「定着に向けた取組み」は示しています。見える化の推進には、金融機関と金融庁だけでなく、「客観性、中立性、透明性が確保されるかたちでの、民間の自主的な取組み」も必要との問題意識に基づくものです。この第三者主体としては、シンクタンクやマスコミが考えうるでしょう。第三者主体は、顧客本位が金融機関と金融庁の間の対立構造のなかで進められている施策ではなく、顧客に対する質の高い商品・サービスを提供するための試みであることをふまえ、評価することが期待されます。

「見える化」と金融庁の役割

こうした「見える化」での金融庁の役割は、金融庁自らが金融機関の取組みの良し悪しを判断することではありません。顧客が金融機関を比較して、自らに適した金融機関を選択できる環境を整備することにとどまります。したがって、事業者リストへの掲載に向けた報告の義務づけはせず、報告を受けたものについて形式的な確認を行うにとどまります。この対応は、「見える化」がプリンシプルの延長で行われている点と整合的です。

金融事業者リスト掲載の必要はないと自ら考えるのであれば、金融機関が金融庁へ報告する必要はないこととなります。取組方針は顧客に伝えることが第一義的な目的であって、金融事業者リストを通じた他との比較は第二義的な手段です。たとえば、金融機関が密接な関係性のなかで顧客基盤を確保しており、顧客に対して提供する商品・サービスの内容を伝えきれていれ

5　2021年以前は、報告先を基本的にすべて掲載する扱いとしてきた。しかしながら、市場WG報告書IIをふまえて、上記のとおり掲載要件を変更している。

ば、事業者リスト活用の意義は比較的薄いでしょう。実際、顧客との関係性が相対的に強固と思われる協同組織金融機関の報告先は少ないようです。

　ただ、顧客のライフステージに応じて提供すべき商品・サービスは変化します。これを受けて、さまざまな主体が商品・サービス範囲を拡充しているなか、常に自らの商品・サービスを充実させる姿勢も必要ではないでしょうか。新規顧客を獲得するのみならず、既存顧客へのサポート強化の観点からも、事業者リストの活用を考えてもいいでしょう。

コラム5　金融行政の手法変化と「見える化」

　「見える化」の考え方は、森長官講演「日本の資産運用業界への期待」（平成29年4月7日）において、レストランの例を引きながら次のように説明されています。

　金融庁としても、こうした決して最適とは言えない均衡からの脱却をこれまで実現できなかったことを、大いに反省しなければなりません。金融庁発足以来、投資家保護は金融行政の中核に位置づけられ、適合性の原則などの観点から、販売会社が投資する人にあった売り方をしているかを、検査などでも重点的に検証してきました。この結果、金融商品販売の手法や販売資料のディスクレーマーなどについて、形式的な面は改善しましたが、ビジネスの本質が顧客本位に変わったとはいえません。

　顧客が適切な選択を行なうための条件さえ整えれば、みせかけでなく真に顧客のニーズに資する商品・サービスを提供する業者が発展するのが、業種や洋の東西を問わず成り立つ原則だと思います。安くて美味しいレストランは賑わい、まずくて高い店は淘汰されています。金融商品は、その真の価値やコストが分かりにくいですが、「見える化」への努力を行なっていく必要があります。例えば

知らない土地に行ってレストランを選ぶときも、ミシュラン、ザガットや各種ウェブサイトが、良いレストランについての情報を提供してくれます。投資商品についても、同様のインフラが作られることが望ましいと考えます。

　金融リテラシーの問題もあります。金融商品は、食事よりも嗜好による個人差が少ないので、各人の年齢、資産、収入などをもとに、いかなる投資や資産分散が望ましいかについての知識を持つことは、個々人が自らにあった商品・サービスを見分ける能力を向上させると思っています。高い運用力を持つ金融機関、顧客本位が組織に根付いた金融機関が発展し、顧客本位を口で言うだけで具体的な行動につなげられない金融機関が淘汰されていく市場メカニズムが有効に働くような環境を作っていくことが、我々の責務であり、そのため行政として最大限の努力をしていくつもりです。

　このたとえは、いまでも有効と考えていますが、3点ほど筆者なりに補足したいと思います。第一は、魅力は「安くてうまい」だけでないことです。（相対的に）高くてもオーガニックな素材を使った健康に配慮した食品で差別化を図ることは可能でしょう。独自の基準で選定した「よい」会社に対して投資することで差別化する販売会社などは実際にあります。第二に、規制遵守は当たり前で、顧客に伝える必要はないことです。むしろ、同じような食品でもカロリー等、顧客が知りたい情報を含めることが検討に値します。たとえば、それは同一インデックスファンドにおいて信託報酬率に加えて、トラッキングエラーなどの相違を示すことに当たるかもしれません。最後は、メニューと実際の中身が一致することです。「見える化」での表現だけに気を配るのではなく、実際に提供されるものが大切です。実際と異なれば顧客はがっかりして、二度と使わないでしょう。金融庁も、乖離の有無を注視すべきでしょう（コラム3「金融庁のモニタリングの重要性」参照）。

　この講演は同時期に検討が進んでいた「金融検査・監督の考え方と進

め方（検査・監督基本方針）」（2019年に確定）が示す行政手法の見直しとも軌を一にするものです。実際、顧客本位原則は、行政手法見直しの1例として取り上げられています（23頁「5．⑵見える化」）。

　「見える化」は、市場の失敗を補い、金融機関が創意工夫を競い合う環境を実現する上で、中心的な役割を果たすと考えられる。すなわち、利用者の目から見て金融機関ごとの商品・サービスの違いが分かりにくい「情報の非対称性」の問題を補う上では、民間の第三者的な主体による評価指標の開発・公表や、金融機関による自主的な開示の充実が有効であると考えられる。また、利用者の側に何が良い商品・サービスか判断するための適切な視点・知識・経験（金融リテラシー）が十分にない場合には、当局が収集した情報を開示することによってこれを補うことが有効であると考えられる。

　金融機関による自主的な開示については、顧客をはじめとしたステークホルダーにとって有用な情報ができるだけ比較可能な形で公表されるよう、近年、以下のような取組みを進めてきた。

　一資産運用の面では、「顧客本位の業務運営の原則」をとりまとめ、どの金融機関がプリンシプルを受け入れており、どの個別の原則について実施を表明し、どの個別の原則について実施しない理由をどのように説明しているかを比較できるようにした。また、比較可能な共通指標による「見える化」にも取り組んでいる。

⑵　見える化強化の背景と疑問に対する考え方

　「見える化」は、2021年に一段と強化されています。顧客本位の実践が形式的・画一的なものにとどまっていることをふまえたものです。その際にさまざまな疑問の声があらためてあったようです。たとえば、「手間をかけて

見える化に対応する意義があるのか」とか、「見える化はプリンシプルから
ルールへの回帰ではないか」といったものです。後者に関してはコラム6
「「見える化」とプリンシプル・ベースとの関係」で触れることとし、以下で
は、前者の「見える化」の意義を私なりに考えてみたいと思います。

見える化強化の背景

「見える化」強化の出発点は、市場WG報告書Ⅱの提言です。同書は、金
融機関において「原則の文言を若干変えた程度の取組方針を策定・公表し、
これをもって顧客本位の業務運営の取組みとするなど原則の採択自体を目的
化しているかのような動き」があると指摘しています（2頁）。そこで、金
融機関に対して「各事業者が取組方針等を公表する際には、原則2～7に示
された項目毎に実施の有無を検証し、その内容が分かる」ように明示するこ
とを求めました。

一方、金融庁に対しては、「本原則の採択事業者のリストを公表する際に
は、各金融事業者の取組方針やこれに係る取組状況を項目毎に比較できるよ
うにすることが適当である」と提言しました。報告等の枠組みや掲載要件
は、こうした提言をふまえたものであり、金融事業者リストは、比較可能性
の向上を通じて選択のメカニズムをいっそう働かせることを目指す手段にす
ぎません。

見える化への疑問に対するとらえ方

ただし、「金融事業者の選択にあまり活用されていないという問題」はあ
ります。この実情に対して、「見える化」の効果を疑問視する声もあるよう
です。たとえば、「取組方針等をみている顧客はあまりいないのではないか」
「みていない以上、比較には使えない」といったものです。たしかに金融庁
が行った「リスク性金融商品販売に係る顧客意識調査結果」によれば、取組
方針等を確認したことがある顧客は22.8％であり、「取組方針等に対する認
知度が十分とはいえない」ことがうかがえます。

しかしながら、取組方針等を顧客向けの説明に使っている金融機関は実際
にあります。また、「見える化」強化に際して、「取組方針等を、事業者の営
業現場とお客さまとの間の共通理解をもたらすためのものと捉え、取組みに

ついてどう情報発信するか、見直してみたい」といった金融事業者の好意的な意見も紹介されています[6]。さらに、必ずしも充実したものばかりではない取組方針等に対しても、上記調査では「確認したことがあり、役に立った」と回答した投資経験者が6.2％います。

　顧客が、（比較はしないまでも）取引している金融機関の取組方針と実際に利用しているサービスを対比して、実際に取引する際の参考とすることはありうると筆者は思います。当面、こうした活用を想定するほうが現実的かもしれません。

　現状において活用されてないことをもって、将来に向けて意義がないとはいいすぎではないでしょうか。顧客本位そのものが、長らく採用されてきたルール・ベースではうまくいかなったことへの対応として導入されたことも忘れてはならないでしょう。むしろ時間をかけて利用を促すことが望ましいと、筆者としては感じるところです。

見える化活用への動き

　「見られていない」点に関しては、ウェブサイト上のわかりやすい位置で公表する、営業現場において顧客が閲覧できるようリーフレットにするなど「見せる化」の工夫をしている金融機関が出てきています。

　取組方針の公表に意義がないと指摘する金融機関は、「みるに値しない」程度のものしか作成していないと自覚しているということかもしれません。実際、手段であるはずの金融事業者リストへの掲載が自己目的化しているとの指摘もあります。顧客に有用な情報が示されるという前提を満たしていないのであれば（満たす気がないのであれば）、あえて報告する必要はないと筆者は考えます。そうした態度は、原則がプリンシプルに基づくものであることとの関係では金融庁としても問題視しないでしょう。ただし、そうした対応が顧客から受け入れられるかどうかは吟味したほうがよいように思います。

6　山﨑かおり「金融事業者が顧客から選択されるメカニズムの実現に向けて」（週刊金融財政事情2021年5月25日号。以下「キンザイ2021①」）。

コラム
6

「見える化」とプリンシプルとの関係

　金融庁が「見える化」強化に取り組んだ際、「記述の内容を細かに確認し始めた」と感じた方もおられたようです。しかしながら、「見える化」はプリンシプルの延長で行われたものです。

　このことを2つの観点から補足したいと思います。1つ目は原則として顧客本位原則の採択が任意なことは維持され、取組方針等の提出も強制されていないことです。また、採択した場合の取組方針の形式も自由です。原則との対応関係を明確にする必要があるだけです。2つ目は金融庁の確認対象は形式であって中身ではないことです。事業者リスト掲載に際して、金融庁は取組方針の良し悪しなどは考慮していません。

　この確認をめぐっては、いくつか不満や誤解もあるようです。たとえば、金融庁への報告様式で対応関係を明示すれば十分ではないかといったものです。しかしながら、「見える化」の最終的な活用主体は、金融庁ではなく、顧客です。このため、自らのHPでも関係の明確化が求められます。

　なお、「見える化」強化の際、金融庁「顧客本位の業務運営の取組方針等に係る金融庁における好事例分析に当たってのポイント」（令和3年4月12日）で詳細な記述を示したことも誤解につながったようです。「ポイント」は好事例の目線を示したにすぎません。Q&Aでも、「金融庁において、金融事業者の取組方針等について、好事例の比較分析を行う際に、分析のポイントと考えられる事項をまとめたものであり、各ポイント全てについて、取組方針等への記載を求めるものではありません。金融事業者においては、（中略）取組方針等にどのような事項をどのように盛り込むことが適切か、検討することが重要です」としています。以上のとおり、見える化強化の前後で金融庁の姿勢に大きな変化はありません。ただし、金融機関は、より意識的に差異を示す必要があります。この点は、第5章で触れたいと思います。

(3) 取組方針等の「見える化」で示すべき内容（原則 2～7）

　金融機関は、原則を採択するか否かを自ら判断する必要があります。採択する場合、原則1「顧客本位の業務運営に関する方針の策定・公表等」に沿って、原則2～7に示されている内容ごとに、「実施する場合には、その対応方針を、実施しない場合にはその理由や代替策」をわかりやすい表現で取組方針に盛り込む必要があります。さらに、取組方針に対応するかたちで取組状況を示す必要があります。以下では、そうした取組方針等を策定する際の前提となる各原則の内容を整理し、原則に沿った対応は第4章(2)で整理します。

［原則2］「顧客の最善の利益の追求」

　原則2は、金融機関に求められる対応の総論として、「高度の専門性と職業倫理を保持し、顧客に対して誠実・公正に業務を行い、顧客の最善の利益を図るべきである。こうした業務運営が企業文化として定着するよう努めるべき」としています。

　ここで注意すべきは、「顧客の最善の利益」とは何かでしょう。金融庁は、「必ずしも経済的な利益のみを意味するもの」ではなく、「「お客さまにより」「各業態・各社により」異なる」ため自ら検討すべきと整理したのみです（考え方I項目63、64、66～67参照。市場WG10回）。金融サービス提供法の改正を通じて、「最善の利益」確保の義務化を目指していますが（コラム13「「顧客の最善の利益」確保の義務化の意義」参照）、定義はありません。

　このため、金融機関は各々、顧客基盤等や他社との差別化を意識して「顧客の最善の利益は何か」を明確にすることが必要です。その際、「顧客の考える利益と金融事業者が考える当該顧客の最善の利益が異なる場合には、その一致を目指すことが求められる」と指摘されている点は重要です（考え方I項目64）。

　また、（注）では、「共通価値の創造」を通じて金融機関の収益確保を否定

しないことも明確にしています（第3章(1)参照）。ただし、短期的な利益の追求に走るのではなく、良質なサービスの提供を通じて長期的な信頼関係を構築する必要がある、と金融庁が考えていることには留意が必要です。原則策定の過程では、メンバーから幾度となく、「品格のあるもうけ方」という指摘がなされていた点が参考となるでしょう（たとえば市場WG1・12回）。

[原則3]　「利益相反の適切な管理」

　この原則は、「売り手と買い手以外の第三者の利益が絡む場合」を想定して、利益相反に関する対応を求めています（考え方 I 項目78参照）。具体的には、金融事業者は、「取引における顧客との利益相反の可能性について正確に把握し、利益相反の可能性がある場合には、当該利益相反を適切に管理すべきである。そのための具体的な対応方針をあらかじめ策定すべき」としています。背景には、販売会社は顧客のニーズにあった商品よりも、自社やグループ全体に手数料が多く入ってくるような商品を推奨するインセンティブがあるのではないかとの問題意識があります。これは、運用会社が販売会社と同一の金融グループに属していることが多いという、わが国特有の事情をふまえたものです。

　第三者の利益が絡む場合は（注）で3つ例示しています。①投資信託の販売会社が、商品の提供会社から、委託手数料等の支払を受ける場合、②販売会社と、商品の提供会社が同一グループに属する場合、③同一主体またはグループ内に法人営業部門と運用部門を有する場合です。

　上記3類型のうち筆者からみて重要と思われるのは、①委託手数料等の支払を受ける場合です。この点、「提供会社から委託手数料等の支払いを受ける場合に、受け取る手数料等が高い商品と低い商品があれば、高い商品に関し利益相反の可能性が高まる」との見解が示されています（考え方 I 項目85）。このため、金融機関は自らの商品ラインナップの合理性をしっかりと説明できるようにしておく必要があります。

　そうした典型例を含めて、利益相反を防ぐ具体的な対応方針の策定を求めています。なお、後の原則5（注1）においては、このケースのように顧客以外の第三者から手数料を受け取るような場合、重要な情報として顧客に対

して、「具体的な内容及びこれが取引または業務に及ぼす影響」として情報提供すべきとされています。

[原則４]　「手数料等の明確化」

この原則と次の原則５は、顧客が「理解できる」ようなやり方での情報提供を求めています。うち手数料の開示は特に重要であるため、別項目立てとして本原則が置かれています。この原則は、原則２（注）でも整理したとおり、収益確保を否定するものではありません。求められていることは、合理的な対価を定めたうえで顧客に示すことです。

ポイントは２つあります。１つは、開示対象が「名目を問わず、顧客が負担する手数料その他の費用の詳細」であることです。金融商品には、さまざまな隠れた費用等がありえます。こうした直接または間接的に負担する費用は幅広く該当し、開示が望ましいとされています（考え方Ⅰ項目92〜100、104、106など）。言い換えれば、単に手数料として外枠になっていないとか、価格に反映しているといった事情だけでは費用に含まれないとは言い切れません。なるべく開示し、透明性を向上することが求められています。

もう１つは、「当該手数料等がどのようなサービスの対価に関するものかを含む」点です。手数料は透明でありさえすればいいわけではなく、どういったサービスに対応したものか、その水準は合理的かをふまえて、対価とサービスとの関係を明確にする必要があります。

両者は裏表の関係にあります。対価が合理的でなければ透明化しにくいでしょう。逆に、透明化すれば、合理的か否か検証しやすくなると思います。透明化さえすればよいわけではなく、金融機関は、その合理性も意識する必要があります。

合理的な手数料等の水準をめぐってはさまざまな業界慣行があります。１社だけで業界慣行を変えるには限界があります。しかしながら、この原則を採択するならば、個社ができる範囲で対応することも求められます。こうした対応が進まなければルール化せざるをえなくなることもありえます。ただ、ルール化は、本来、ベスト・プラクティスを目指す顧客本位の理念からは望ましいものではないと筆者は考えます。

仕組債への対応が典型例です。仕組債では公正価値と販売価格の差として顧客が負担している隠れたコストがありました。ただ、これは手数料ではないという整理がなされてきたようです。これに対して、顧客本位原則（や重要情報シート等）による開示が模索されました。その際、販売会社からは組成会社の協力が得られないといった説明がしばしばなされました。しかしながら、他国では仕組債の公正価値の開示が義務づけられています。そうしたなかで協力をしない組成会社とは取引をしなければよいのです。こうした対応は、組成会社が販売への卸によって得ている利益を明らかにすることにもつながり、販売会社自身のメリットにもなりえたはずです。販売会社の働きかけを通じて、自主的な開示が進むことが望ましかったのですが、日本証券業協会のガイドライン等による一斉開示の方向となりました。個人的には、プリンシプルの理念からは残念な経緯と受け止めています。

　［原則５］　「重要な情報の分かりやすい提供」

　この原則は、金融事業者に対して、（上記原則４が掲げる手数料等に加えて）「金融商品・サービスの販売・推奨等に係る重要な情報」を「顧客が理解できるよう分かりやすく提供」することを求めています。

　そのうえで、（注１）は、重要な情報の中身として①商品特性、②想定する顧客の属性[7]、③提案の理由、④利益相反に関するものが含まれることを示しています。仕組債を例にとれば、①オプション類似の機能が含まれていること（考え方Ⅰ項目119）や③顧客のニーズおよび意向をふまえたものという説明だけではなく、選定の判断理由も提供すべきということになります（同117）。

　また、（注３）は、情報提供の際の態度として、「顧客の取引経験や金融知識を考慮の上……誠実」な対応を求めています。重要な情報の提供や誠実な対応が求められる理由は、金融商品が目にみえずわかりにくいこと、言い換えると、顧客との間で「情報の非対称性」があるためです。重要な情報を顧客へ「明確、平易であって、誤解を招くことのない」かたちで提供すること

7　この想定する顧客の属性の重要性は、後述「インベストメント・チェーンにおける最終受益者の位置づけ」の説明参照（本書51頁）。

を通じて、顧客が自らにふさわしくない商品が提案されていないかを確認できるようになることが期待されています。なお、誠実公正義務の内容については、市場WG報告書Ⅱの提言を受けて監督指針で具体例が示されている点には留意が必要です[8]。

　さらに、（注4）と（注5）は、メリハリある説明を求めています。具体的には「単純でリスクの低い商品は簡潔な、複雑またはリスクの高い商品は顧客において同種の商品の内容と比較することが容易となるように配意した資料を用いつつ、より分かりやすく丁寧な情報提供を行うべき」「情報を重要性に応じて区別し、より重要な情報については特に強調すべき」等といったことです。

　情報提供手段の1つとして、改訂版原則は、「重要情報シート」活用を意識しています。この「重要情報シート」は、商品のリスクや手数料、従業員の業績評価体系に起因する利益相反等の重要な情報を簡潔に記載し、業法の枠を超えて多様な商品を比較しやすくするために用いられることが期待されています。また、販売員との対話を促進し、顧客の理解をサポートする観点から、提供すべき情報に応じた質問例も記載することが適当とされています。これは、市場WG報告書Ⅱにおいて欧米の規制動向を元に提言されたことをふまえています。

　一方、（注2）は、複数の金融商品・サービスをパッケージとして販売・推奨等する場合、「個別に購入することが可能であるか否かを顧客に示すとともに、パッケージ化する場合としない場合を顧客が比較することが可能」にすることを求めています。この比較は、「自社で取り扱っているか否かに関わらず、顧客が内容を比較することが容易となるよう配慮すべき」（考え方Ⅰ項目127～129）とされており、たとえば、外貨建て一時払い保険の提案においては、自社で外債を扱っていないことは比較を行わない理由にならない点に留意が必要です（市場WG10回参照）。この注と、原則6（注2）「当該パッケージ全体が当該顧客にふさわしいかについて留意すべきである」をふ

8　「金融商品取引業者等向けの総合的な監督指針」Ⅲ－2－3－1参照。

まえると、パッケージ商品提案の合理性を商品性、顧客の観点から慎重に判断することが必要です。

　なお、「複数の金融商品・サービスをパッケージ」の対象は、複数の金融商品をセット販売する場合に限らず、ファンド・ラップ、仕組債等の仕組商品、外貨建て一時払い保険が含まれます（考え方Ⅰ項目120〜125、140参照）[9]。この点は、「平成27事務年度金融レポート」（67頁）で指摘され、市場WGでも議論の対象となりました。こうした問題提起にもかかわらず、仕組債や外貨建て一時払い保険についてパッケージ商品としての取扱いを行わず、一時期に大量かつ偏重して販売した金融機関は、自らの対応が原則に則したものか、いま一度検証し直す必要もあるでしょう。

［原則６］　「顧客にふさわしいサービスの提供」

　この原則では、「顧客の資産状況、取引経験、知識及び取引目的・ニーズを把握し、当該顧客にふさわしい金融商品・サービスの組成、販売・推奨等を行うべき」とされています[10]。類似の規制は、金融商品取引法40条１号で「適合性の原則」として設けられています。本原則と適合性の原則を見比べると、本原則では商品のふさわしさを判断する要素としてニーズが加わっています。このため、ニーズに着目することは必要な一方、顧客が口にした顕在化したニーズだけでなく潜在的な真のニーズに対応する必要があるという筆者の考えは、第３章(3)で示したとおりです。いうなれば、法律上の適合性原則が「特定の顧客に対しては説明を尽くしても一定の商品の販売・勧誘を行ってはならない」と禁止しているのに対して、この原則のもとでは、当該顧客に対して最もふさわしいものを提供することが期待されているものと考えます。実際、検討過程では、顧客にとって適合的かどうかわからないときは売らないと考えるべきという指摘もなされていました（市場WG６回参照）。

9　なお、市場WG10回でもパッケージ商品について、パッケージ化の目的やコスト構成があいまい化されることへの懸念が示されてる。

10　適合性の原則は、市場WG報告書Ⅱを受けて「金融商品取引業者等向けの総合的な監督指針」Ⅲ−２−３−１で明確化が図られた。たとえば、金融商品・サービスの提供に際して①個別の金融商品のリスク、リターン、コスト等の情報を十分に分析・特定をしていない場合、②金融商品サービスの内容が顧客の属性・取引目的に適合することの合理的根拠を示せない場合には、監督指針が求める状況にはならない。

加えて、改訂版で追加された（注１）の１つ目と２つ目の項目では、「顧客のライフプラン等を踏まえて目標資産額」や「安全資産と投資性資産の適切な割合」なども検討したうえで、業法の枠を超えて自社で取り扱う類似・代替商品と比較しながら商品の提案を行うことが必要であるとしています。これは、顧客カード作成などによる顧客の属性情報の把握のみならず、どのような目的とニーズで取引を行いたいと考えているのかを取引ごとに意識して、商品・サービスの提供を慎重に考えてほしいということです。また、一般論として「顧客の資産状況等について可能な限り全体像を把握するよう努める」ことまでしか求めてはいませんが、「慎重に顧客のポートフォリオを検討」する必要はあります（考え方Ⅱ項目16参照）。なお、システムを用いたポートフォリオ提案やゴールベースアプローチといった特定の提案手法の採用を求めているわけではありません。

　さらに、（注１）の３つ目は、顧客本位の商品提案力の向上と適切なフォローアップにも触れています。「金融商品・サービスの提供後においても、その意向に基づき、ライフステージや資産状況などの顧客自身の変化や市場環境の変化に応じ、長期的な視点にも配慮した」（市場WG報告書Ⅱ４頁）適切なフォローアップを行うことは、顧客にふさわしい商品の販売・推奨等を行うために重要です。しかしながら、金融庁が行った顧客意識調査の結果では、こうした対応を受けていないと回答した顧客が多くの割合を占めていたために追加されたものです。なお、フォローアップで対応すべき事象は商品を軸にした市場環境の変化に関する情報にとどまりません。むしろ、ライフイベントに応じた顧客ニーズの変化の有無を定期的に確認する顧客軸のほうが大切と筆者は考えています（第３章(3)参照）。そうした定期的確認は単なる情報提供のフォローアップにとどまらず、新たな提案の出発点にもなるでしょう。

　なお、（注３）が、原則５（注１）と同様、想定顧客について触れている点は原則１（注）の個所で整理しました。特にパッケージ商品の場合には、組成業者も想定顧客を意識することが強く求められると筆者は考えています。

[原則7]　「従業員に対する適切な動機づけの枠組み等」

　原則7は、原則2～6の取組みを推進するため、従業員に対する適切な動機づけの枠組みやガバナンス体制を整備することを求めています。具体的な整備対象は、報酬・業績評価体系、研修などです。ここで意識されている対象は、従業員であって役職員ではありません。これは、経営陣である役員は、原則2が掲げる「顧客の最善の利益」の追求を図ることを主体的に考えることは当然な一方で、役員が考えていることを職員に理解し行動してもらう枠組みが重要と考えたためと、作成過程の議論で明らかにされています（市場WG12回参照）。

　うち業績評価は、営業現場の行動に大きな影響を与えうるものですから、顧客の最善の利益確保と整合的なものとなっていることは重要でしょう。また、個人のみならず、支店単位の営業目標にも留意する必要があり、さまざまな工夫が行われているようです。

　一方、原則策定後の実態をみると、顧客本位の業務運営に向けた経営理念を従業員に十分に浸透させられておらず、多くの対応を個々の従業員の力量に委ねていると指摘されました（市場WG報告書Ⅱ8頁）。このため、改訂版原則は、従業員の業務の支援・検証を行うための体制整備の必要性を（注）で追記しました。

　具体的には、従業員による顧客への商品提案や提案理由の説明、販売後のフォローアップなど、その業務の質の担保・向上を図る体制が該当します。なお、従業員研修は、ここでは顧客の最善の利益を追求するための行動、顧客の公正な取扱い、利益相反の適切な管理を促進するための従業員教育であって、専門技能の習得を目的とした研修にとどまらないことも明らかにされています。

[原則における]　インベストメント・チェーンにおける最終受益者の位置づけ

　本章(2)でも触れたとおり、原則は幅広い金融事業者に採択を期待しており、リテール顧客を相手方とする販売会社のみを対象としていません。一方、採択した業者は最終受益者を含むインベストメント・チェーン全体を意

識する必要があります。ただ、この点は十分に理解されていない印象もありますので、関連する記述をまとめて整理しておきます。具体的には原則1（注）「最終受益者としての顧客をも念頭におくべき」に加えて、原則5（注1）および原則6（注3）が該当します。

　たとえば、仕組債が販売会社や証券会社から、預金者を中心とする資産形成層に幅広く販売された際、次のような意見が聞かれました。「商品組成は組成会社・商品販売は販売会社、（証券会社との提携において）投信販売は銀行・複雑な商品販売は証券会社、が各々責任をもって対処すれば十分」といったものです。もちろん、各々が責任をもって対応する必要はありますが、それでは十分な顧客本位が図れません。組成会社も、誰に販売されるかをしっかりと考える必要があります。この点は、仕組債と同様の事象を再び発生させないためには重要なポイントですので、他の関連する原則とともに整理しておきます。

　まず、金融事業者は、「金融商品の販売、助言、商品開発、資産管理、運用等を行う全ての金融機関等」を広く指す（原則の「経緯及び背景」参照）とされ、この金融事業者は「インベストメント・チェーンにおけるそれぞれの役割を認識し、顧客本位の業務運営に努めることが重要」（原則の「経緯及び背景」）と指摘されています。そのうえで、原則1（注）は、インベストメント・チェーンのなかで、「最終受益者」としての商品の保有者を想定した対応を求めています。このため、直接の販売対象である金融機関だけを意識してビジネスを行う姿勢は顧客本位原則に反することとなります。

　この背景には、組成会社と販売会社が分かれるなかで（製販分離）、組成会社は直接の販売会社の意向ばかり尊重してきたのではないかという課題認識があります。この課題認識のもと、組成会社に対しては、「想定顧客」の明確化を求めています。なぜなら、「想定顧客の情報は、販売会社が顧客に販売・推奨等を行う商品の選定理由になるとともに、購入しようとしている商品が自身に合っているのかを判断する材料」になるからです（市場WG報告書Ⅱ5頁）。このため、原則5（注1）において、商品販売時に提供すべき情報の1つに「想定する顧客属性」を含むこと、原則6（注3）において

「想定する顧客属性を特定・公表」とされたわけです。したがって、原則を採択した組成会社が、たとえば、「仕組債の課題は販売会社の販売姿勢の問題」と主張することは許されないと筆者は考えます。同様に顧客に証券会社を紹介した銀行も、その後の状況を把握する必要があると考えられます。

FDと顧客本位原則の関係

　FDと顧客本位原則との関係はどう理解したらよいでしょうか。「平成28事務年度金融行政方針」は「金融機関等による顧客本位の業務運営（フィデューシャリー・デューティー）の確立と定着」としており、金融庁はほぼ同義で使っているとも理解できます[11]。ただし、FDの概念をあらためて考えることは、顧客本位と既存の規制の相違を理解するうえで有益と思います。本コラムは、FDの沿革にさかのぼって考えたいと思います。

　FDは、英米で信託の受託者が第三者（委託者および受益者）に対して負う広範な義務を指すものとして判例を通じて発展してきました。この広範な義務のもとで、受託者は、財産の処分や管理に際して裁量権を有する一方、当該裁量権の乱用を防止するため、受益者の利益を第一に考える必要があるとされました。そのうえで、FDは、①注意義務、②忠実義務、③自己執行義務、④分別管理義務の4つの具体的な義務に分類されます。ここで、（原則との関係で）重要なのは、②忠実義務です。この義務では、FD義務を負った者は、自分の利益または第三者の利益と

11　ただし、顧客本位原則は他国におけるFDと比べると、①対象範囲の業者が広いこと、②直接的な取引関係がない最終受益者を想定することを求めている点などに相違がある。なお、原則の脚注3は、明確化の観点から（考え方Ⅰ項目75参照）、FDについて「しばしば、信託契約等に基づく受託者が負うべき義務を指すものとして用いられてきたが、欧米等でも近時ではより広く、他者の信認に応えるべく一定の任務を遂行する者が負うべき幅広い様々な役割・責任の総称として用いる動きが広がっている」と整理している。

FDを期待する者との利益が衝突する場合にはFDを期待する者の利益を優先させなければいけない、とされています[12]。

　この考え方は、やがて信託の受託者以外に、弁護士や会計士、医師など高い専門能力と裁量権をもって他者のために働く者の義務に拡張されました。そして、2010年代以降は、制定法上の義務として導入されています（コラムI参照）。

　顧客本位原則は、FDのうち忠実義務を意識していると筆者は理解しています[13]。なぜなら、①「顧客の最善の利益」の確保が中核であることに加え、②販売会社は金融商品取引法上、誠実公正義務（金融商品取引法36条）や適合性の原則（同40条I項等）が求められている一方で、忠実義務を負っていないなか、なんらかの新しい要素を加えたと考えるのが自然だからです。この観点からは、原則5「重要な情報の分かりやすい提供」に加えて、原則6「顧客にふさわしいサービスの提供」を求めていることが重要と感じます。ただ、英米と違い、司法による具体的な適用事例がないなかで、抽象的概念としてFDが紹介されたため、販売会社において具体的になすべきことが理解しにくいようです。

　原則が金融機関に対して上記の法定義務以上の対応を求めていることは間違いないでしょう。このため、原則を採択した販売会社による「説明をしたから責務を果たした」との主張は、規制遵守の面では受け入れられても、原則の観点からは不十分といわざるをえないように思います。この点は、第3章(2)において顧客本位と顧客保護の違いとして触れます。

12　神田秀樹「いわゆる受託者責任について：金融サービス法への構想」（財務省財務総合研究所「フィナンシャルレビュー」56号）参照。
13　今泉宣親「投資信託を中心とする個人向け投資商品を販売する金融機関のフィデューシャリー・デューティーについての検討」（ソフトロー研究第26号、2016年）。

「顧客本位」に対する３つの誤解

　顧客本位は、第１章で整理したとおり、金融業界のみならずさまざまな業界において当然の前提と筆者は考えています。しかしながら、（顧客から遠い）金融庁が「原則」を示したために、金融機関では、顧客本位に関し混乱も生じているようにも感じます。

　代表的には、①顧客本位のもとでは収益を追求してはならない、②投資信託販売では「原則」に沿った対応を行わなければならない、③顧客本位では顧客が口にしたニーズに対応すればよい、といったものです。それぞれ、顧客本位の一側面をとらえているのでしょうが、必ずしも正確な理解ではないと筆者は感じます。有り体に申し上げれば、これらの考え方は「誤解」と思います。

　本章では、上記３つと関連する誤解について、顧客本位原則の文言などにも触れながら整理してみたいと思います。なお、顧客本位原則が目指す「貯蓄から投資へ」についてもあらためて整理しておきたいと思います（コラム8参照）。

> **コラム 8**
>
> ## 「貯蓄から投資へ」再考
>
> 　顧客本位は「貯蓄から資産形成へ」という標語とともに使われてきました。資産所得倍増プランもあって、再び「貯蓄から投資へ」という標語も多く聞かれます。この言葉は、顧客本位が「資産形成」のためだけではなく、「よりよい資金の流れ」の実現が金融行政の課題であり続けていることをあらためて思い起こさせます（市場WG３回参照）。この点

を「貯蓄から投資へ」の由来にさかのぼって整理します。

「貯蓄から投資へ」は古くは戦後間もない「証券民主化運動」に由来します。その後、1996年の「日本版金融ビックバン」を経て、証券市場の構造改革の文脈で用いられるようになった後、わが国全体の金融システム・金融市場の改革を目指す標語となりました。

2001年（平成13年）8月「証券市場の構造改革プログラム」

(1) 貯蓄から投資への転換

① 個人投資家が、来るべき高齢化社会にも備え、リスクとリターンを自主的に選択し、個人金融資産のより効率的な運用を図ることが重要。

② 個人投資家を含む幅広い投資家が参加する裾野の広い厚みのある証券市場を形成し、企業等の資金調達手段を多様化することにより、ベンチャー企業を含む成長企業等に対するリスクキャピタルの供給を促進することも重要。

③ 我が国経済の「構造改革」を促進するためにも、個人投資家自らが市場に参加し、市場メカニズムを通じて、効率性の低い部門から効率性や社会的ニーズの高い成長部門へと資金を移動させることが必要不可欠。

2004年（平成16年）12月「金融改革プログラム――金融サービス立国への挑戦」

こうした改革を通じて、わが国金融市場が国際的に見て魅力の高いものとなり、間接金融に偏重していたわが国金融の流れ（マネーフロー）が、直接金融や市場型間接金融を活用した国民に多様で良質な金融商品・サービスの選択肢を提供できるものに変化していけば、資産運用手段が多様化・効率化し、「貯蓄から投資へ」の流れが加速される。これにより、銀行にリスクが過度に集中する構造が是正され、リスクに柔軟に対応できる経済構造の構築にも資するものと考えられる。

この標語が目指したのは、多様なリスク負担・分散を実現する金融システム構築です。一方で、若年の資産形成層を投資に呼び込むことも政策課題の1つでした。しかしながら、株式市場の低迷が続くなかで、「投資」が進まず、「平成27事務年度金融レポート」は「貯蓄から資産形成へ」を掲げました。これは運用者である家計向けに、資産形成の用語を用いることで長期にわたって「着実に資産を増やす」イメージをもたせることをねらったものと推察しています。ただ、家計を意識するあまり、「資金の流れ」の問題意識が弱まったかもしれません。そのことが、「よりよい資金の流れ」に直接的には寄与しない仕組債販売につながったとしたら残念なことです。

(1)　誤解1　「顧客本位のもとで収益を追求してはならない」

　顧客本位原則では、原則2が求める「顧客の最善の利益」の確保に努める必要があります。これに対して、①「金融機関は収益を追求してはならないのか」とか、「顧客の最善の利益を追求していたのでは、顧客本位貧乏に陥ってしまわないのか」という疑問の声を聞くことがあります。こうした疑問の背景には、②「顧客本位は本当にビジネスになるのか」といった不安があるようです。さらに、不安のもとには、③（ノーロード化が進み手数料が下がっている）投資信託だけを提案しなければならないと、暗黙のうちに考えていることがあるようにも見受けられます。これらの考え方の背景には、顧客本位が中長期的に維持可能なビジネスに必要不可欠だという点への理解が不十分なことがあると筆者は考えています。

(i)　収益確保の肯定：原則2（注）との関係

　まず、原則が収益確保を否定していないことは明確です。「顧客の最善の利益」を求める原則2の（注）で「……顧客との取引に際し、顧客本位の良

質なサービスを提供し、顧客の最善の利益を図ることにより、自らの安定した顧客基盤と収益の確保につなげていくことを目指すべき」とあるからです。金融庁は、顧客の最善の利益と収益の確保との両立いわば「共通価値の創造」が可能との前提に立っているのでしょう[1]。

　もっとも、短期的な収益を優先し、顧客に対して長期的に不利益な商品を勧めるべきではありません。金融機関のそうした姿勢が明らかになれば、顧客は取引しなくなるでしょう。顧客の最善の利益を図ることで、顧客の信認を得て「自らの安定した顧客基盤」につなげる必要があります。この点は、第1章でも整理したとおり、他の産業では当然です。むしろ、顧客本位によって収益を得てこそ顧客に対して長期的な利益を提供し続けられるという意味で、顧客本位は企業存続の必要かつ十分条件ではないでしょうか。

　次に、金融庁の「両立可能」との前提は理想にすぎず、顧客本位を追求すると収益を確保できず「顧客本位貧乏」になるのでしょうか。たしかに、収益基盤を残高増に伴う信託報酬等に移行すべく、販売手数料の引下げを進める金融機関が多いようです。特に、インターネット取引ではノーロード化も進んでいます。

　こうしたビジネスモデル転換は、顧客増や残高増に伴う手数料収入の増加が期待されるものの、従来と違う方法の導入に伴いさまざまなコストがかかります。また、従来の主な収益源であったフローの手数料確保が困難となります。このため、「顧客本位貧乏」という発言につながっているのでしょう。こうした収益低下への対応もあってか、販売手数料の高い複雑な金融商品販売により短期的な収益確保を図る動きすらしばしば見受けられます[2]。

　しかしながら、金融業を含むサービス業で収入源となる手数料等を負担し

1　【池田】7頁。
2　典型的には、資産形成層を含む幅広い顧客に対する仕組債の販売である。高い手数料を稼げる仕組債を含む複雑な商品販売に対しては、金融庁は再三、問題提起をしてきた。たとえば、森長官は「手数料収入増大のノルマで営業を縛り、高い販売手数料や、顧客に見えにくい「サヤ」を抜けるような複雑な仕組み商品に傾斜してきた経営が、自身の経営環境の悪化という形で跳ね返ってきているように見えるのは私だけでしょうか」と厳しく指摘している（「より良い資金の流れの実現に向けて」平成28年10月5日）。

ているのは顧客です。金融以外のリテール向けビジネスでは、顧客が受け入れない商品・サービスを提供できず、消滅につながった企業は少なくありません。企業が顧客に受け入れられることで存続しうる以上、「顧客本位」は当然のことであり、顧客不在のビジネスは成立しません。

したがって、顧客本位貧乏の指摘は当たらないでしょう。また、長期的に維持可能なビジネスモデルへの転換の道筋が明確ならば、収益悪化は、転換に伴って甘受せざるをえない短期的なものと考えるべきではないでしょうか。むしろ、後述のコラム9「顧客本位と顧客本位貧乏」で紹介する金融庁講演は「利益至上主義と結びついた顧客本位が本当に力のある顧客本位ではないか」と指摘しています。

(ii) 顧客本位に基づくビジネスモデル提示が必要

では、どうすれば、「真の」顧客本位を貫きつつ収益確保が可能でしょうか。そのためには、（第1章で指摘したとおり）ビジネスモデル転換とその提示が必要でしょう。

ビジネスモデルは、自らの顧客基盤とともに、システムや従業員等のさまざまな内部リソースの状況をふまえる必要があります。顧客の課題はさまざまであり、他社との差別化を実現するためのリソースの状況もまちまちでしょう。ただ、提供する金融商品で差がつけにくいことをふまえると、差別化の方向は、理屈のうえでは、金融商品提供を①安値で行うか、②顧客が求める付加価値を提供するかのいずれとなるでしょう。うち①安値提供でボリュームを確保することによる収益確保がむずかしければ、残る方策は②付加価値の付与です。

付与する付加価値も、顧客に応じてさまざまでありえます。たとえば、営業現場では、投資信託の単品販売にかえて、資産全体の分散や長期的な目標を明確にして提案を行うなど営業手法を工夫するケースが増えています。しかしながら、こうした工夫は必ずしも現場では受け入れられていないようです。それはなぜでしょうか。

筆者は、工夫が受け入れられない理由は2つありうると考えます。1つ目

は、工夫がビジネスモデル転換やカルチャー改革を伴わずに導入されているためです。こうした転換や変革を伴わないと、営業手法は現場にそぐわず不徹底な使われ方となるか、（使われたとしても）単にさまざまな商品を推奨するための1つの手法に陥ると考えられます。

　2つ目のありうる理由は、工夫が顧客に伝わっていないからです。工夫が伝わらなければ、顧客には選ばれません。伝える努力は、他の小売り・サービス業にとっては当然でしょう。これらの業界では、見せかけの顧客本位アピール、ましてやコンプライアンス徹底だけではビジネスとしては成立しません。コンプライアンスを確保したうえで、自らの工夫が顧客にどのような付加価値をもたらすかを示しているでしょう。金融商品の場合、その目的である収益性は、長期的にしか明らかになりません。ファイナンス理論からみて長期的に正しい工夫を、顧客にわかりやすく示す必要があります。

　一方で、金融機関の現場職員は、工夫の意義を理解できているでしょうか。理解できなければ説明できません。理解してもらうためにも、経営陣が顧客本位のビジネスモデルから業績評価に至るまで一貫した考え方を示す必要があるでしょう。そうした一貫した考え方がなければ、営業手法の変更は単に現場に負担を強いるもので、実践はおぼつかないか、実践した従業員が疲弊して成果は上がらないでしょう。

　それでは、工夫と付加価値をどのようなかたちで具体的に示す必要があるでしょうか。そのための枠組みとしては、「取組方針」等を用いて具体的に示すことが有益ではないでしょうか。しかしながら、現状では、「高度なソリューションの提供」など、要は「顧客の課題を解決します」という当たり前のことを美辞麗句で示すにとどまっている例が少なくないのは残念なことです。この点への対処は第Ⅱ編であらためて触れます。

(ⅲ)　提案すべきは投資信託だけではない

　付加価値の付与に関しては、投資信託等の提供だけに着目する必要はないとも思います。むしろ、顧客にとって付加価値がある他の商品・サービスもあわせて提供すること（クロスセル）もありうるのではないでしょうか。

資産形成層は住宅ローンなどのニーズも強いはずです。こうした層に対しては、住宅ローン提供時に得た情報をふまえて、投資信託や保険商品等をクロスセルで提案することもありうるでしょう。一方、高齢者層に対しては資産承継に係る支援などもあるでしょう。実際、顧客本位原則のもとで、顧客ニーズに応じてさまざまな商品・サービスを提供しようとする金融機関は増えてきています。こうした提供できる商品・サービスを具体的に示すことも必要と考えられます。

　（繰り返しになりますが）顧客本位では、「どの顧客に、どんな金融商品・サービスをどういう方法で提供するか」を検討することが求められます。その際、何もコストのかかる提案ツールや手法を新たに取り入れる必要は必ずしもないでしょう。むしろ、金融機関が提供しているものと顧客が求めるものとの間にギャップが生じていないかといった視点で検証してはいかがでしょうか。各々の金融機関は、自らの強みと顧客基盤をふまえて、このギャップを検討することがビジネスモデル構築の出発点になりえます。

　また、ギャップ検討を通じて、自らが考える「顧客の最善の利益」も明確になることが期待されます。もちろん、金融機関自らが設定した「顧客の最善の利益」は、顧客が受け入れるもの、「顧客の期待」に沿ったものでなければなりません[3]。その前提として、利用者の要望を傾聴する必要がありますが、この点は次の(2)で整理します。

顧客本位と顧客本位貧乏

　金融庁が「金融機関の収益確保」を否定している、と誤解される理由の１つに、高い手数料の商品販売に対する問題提起があると感じます。ただし、この問題提起の趣旨は、サービスの対価として適正なレベルか、サービスと対価の関係の明確化であって（第２章(3)［原則４］の説明

3　「顧客の期待に沿ったもの」という観点は、コンダクトリスクとも密接に関係する。この点は、第１章(3)で触れている。

参照)、手数料そのものの高低ではありません。さらには、顧客の真の意向が急に変わるとは考えにくいために、高い手数料の商品等が急激に販売増となることに着目しているにすぎません。

したがって、手数料に関する指摘が目指しているものは収益確保の否定ではありません。本文でも示したとおり、金融機関の収益確保と顧客の最善の利益が確保される状況こそ、真の顧客本位でしょう。この点を氷見野長官の講演を参考に次のようなかたちで整理したいと思います。

	最善の利益の未実現	最善の利益の実現
利益：高	利益至上主義	真の顧客本位
：低	社内秩序優先主義	（短期的な）顧客本位貧乏

まず、金融機関の収益確保と顧客の最善の利益が確保される状況が望ましく、この状態が「真の顧客本位」でしょう。これに対して、ビジネスモデル転換を伴わないために（コストだけがかかり）収益性が低ければ、短期的には「顧客本位貧乏」に陥るでしょう。一方、金融機関が目先の利益だけを追って顧客の最善の利益を追求しないのは「利益至上主義」です。そして、顧客本位と対極に位置するのは、既存のビジネスモデルのもと、ノルマで営業を締め上げる手法で「社内秩序優先主義」となるでしょう。

氷見野長官「資本市場行政の課題と当面の対応」令和2年9月24日

ちなみに、金融庁が「顧客本位の業務運営」が大事だというときに、話す側も聞く側も顧客本位の反対は利益至上主義だと暗黙の裡に前提していないだろうか。むしろ、利益至上主義と結びついた顧客本位こそが、本当に力のある顧客本位ではないか。「本部が毎年同じ戦略のままで前年より厳しいノルマを営業部隊にかけて締め上げる」というのは顧客本位ではもちろんないが、利益至上主義ですらなく、社内の偉い人が楽な仕事をして頑張った気持ちになれることを優先した社内秩序優先主義に過ぎないのではないかと思う。顧

客本位の反対語は利益至上主義ではなくて社内秩序優先主義ではないかと思う。

(2) 誤解2「投資信託販売では原則に沿った対応を行わなければならない」

　金融機関は、投資信託の販売に際して、(規制遵守や顧客本位の姿勢に加えて)顧客本位原則に沿った対応が必須なのでしょうか。たしかに、「貯蓄から投資」はマクロ経済の大きな課題の1つです。しかしながら、金融機関が対応すべきマクロ経済課題には地方創生などほかにもさまざまなものがあります。各々の金融機関はビジネスモデル構築に際して「選択と集中」が必要です。選択の結果、仮に投資信託の販売などに積極的に取り組まないこととしたならば、(顧客本位の姿勢は重要だとしても)「原則」全項目の採択は必須でないと筆者は考えます。

　それにもかかわらず、投資信託販売に際して、原則に沿った対応が必要と考えられているのはなぜでしょうか。背景には、①(原則が示す)顧客本位と顧客保護の相違が理解されていないことと、②全顧客に対して同質的な対応が必要と(暗黙に)想定していることがあるように思われます。さらに、③コストをかけてでも原則に対応しなければならないことへの批判(嘆き?)も仄聞します。本節では、こうした点について考えていきましょう。

(i) 顧客本位と顧客保護は異なる

　顧客本位、顧客保護とも「顧客のため」ですが、対応には違う面があると筆者は考えます。金融機関は、規制業者としてリスク説明等の顧客保護を意識してきました。今後は、サービス業として顧客の課題をくみ取る顧客本位が必要ではないでしょうか。両者の違いを意識していないことが、原則採択に係る誤解につながっていると感じます。

両者の違いを、金融機関で時折見受けられる「リスク性商品の販売時における銀行員の同席禁止ルール」という具体例で考えてみましょう。顧客保護の規制上、銀行員が提案できるリスク性金融商品は限られており、銀行員が扱えない商品の提案は証券会社の職員が行う必要があります。さらに、内部ルールによって、証券会社職員による対応時に、銀行員が販売に関与しないように説明の場への同席を禁止する金融機関は少なくないようです。同席していなければ、その場での説明はできませんから顧客保護の観点からは相応に合理的とも思えます。

　しかしながら、同席不可は本当に「顧客本位」になるでしょうか。顧客は銀行員からの紹介を信じて証券会社から提案を受けているのでしょうから、むしろ同席して顧客側に座って説明内容を聞いたうえで、（商品内容の説明に立ち入らないように留意しながら）資産全体の相談に乗るほうが顧客にとって心強いのではないでしょうか。

　もちろん同席した場合、銀行員が一緒に説明をしてしまうリスクはあります。ただ、そうしたリスクを防ぐために別途の方法がありそうです。逆に、不適切な説明は同席者がいないほうが行いやすい面もあります。ルール遵守は、最終的には個々の営業職員のコンプライアンス意識に委ねざるをえないことをふまえると、はたして説明不可の規制を過度に意識した内部ルールが顧客本位につながるか、筆者には疑わしいと思えます。

　具体例を離れて両者の違いを一般的に分解すると、①みるべき方向、②理解する対象、③顧客に向き合う姿勢の3点に違いがあると考えています。1つ目の違いは、「みるべき方向」です。顧客保護では、その手段である規制等を策定する金融庁に対して目を向けがちです。これに対して、顧客本位でみるべき対象はあくまでも顧客です。2つ目の違いは、「理解する対象」です。顧客保護で理解すべき対象は規制ですが、顧客本位では、顧客の課題（表面的、潜在的問わず）です。3つ目の違いは、顧客に向き合う姿勢です。顧客保護では、規制に沿ったリスク等の説明が必要ですが、顧客本位では、相手方が真に欲するものを聞き出す傾聴が中心となります。このことは、時として販売代理の立場ではなく、顧客の側に立った購買代理への変化として

図表Ⅰ－6　顧客本位と顧客保護の違い

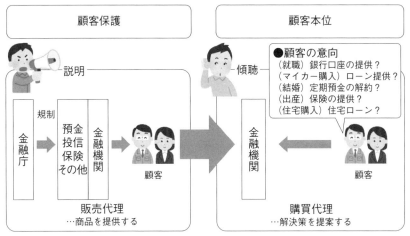

（出典）　筆者作成

整理されることもあります（図表Ⅰ－6参照）。

　投資信託等を顧客の求めに応じて受け身で販売する場合、顧客保護に係る規制のもとで、「顧客の利益を不当に害さない」ことを意識して対応すれば、問題は生じにくいと考えられます。この場合、原則のすべてを採択する必要はないでしょう。一方で、投資信託等を積極的に販売したいならば、「顧客の最善の利益を追求する」姿勢を示さないと顧客に選択されません。この場合には、原則の採択が必要でしょう。つまり、「投資信託の販売を行うためには原則に沿った対応が必要」なわけではありません。リスク性商品の販売に力を入れる場合には、顧客本位に沿った対応をしないと、長期的に顧客に選択されず収益を確保できないにすぎないととらえるべきと筆者は考えます。

(ii)　顧客の課題は異なるため特定が必要

　顧客保護では、比較的、同質的な対応でよい一方、顧客本位では、それぞれの顧客が抱える課題を意識した個別的対応が必要です。しかしながら、顧客保護に慣れた金融機関は各顧客の課題を特定せずに一律に対応しているよ

うに感じます。

たとえば、ある顧客が投資信託等の購入に踏み出せない要因は何でしょうか。原則6は「顧客の資産状況、取引経験、知識及び取引目的・ニーズ」の把握が重要と指摘しています。こうした属性をふまえると、たとえば、時間、知識、金銭のいずれか（または組合せ）が課題とわかるのではないでしょうか。

資産形成層は日常の仕事に加えて、子供がいれば、育児や教育等で忙しく、投資を検討する「時間」がないことも多いと考えられます。そうであるならば、時間的な利便性を優先したサービス提供は投資の促進に有益ではないでしょうか。実際、窓口で相談を受けるのではなく、インターネットで気軽に購入できるとか、買い物のついでに相談に寄れるといったアクセスに関して工夫する金融機関は多いと思います。アルゴリズムを用いた簡易なリスク許容度判定（ロボアドバイザー）と限定的な商品提供を行うサービスを利用する顧客も増えています。

投資に乗り出すための「知識」が欠けている場合もあるでしょう。金融庁が行った顧客意識調査などをみても、資産形成への意識は高まっていますが、「NISA」等の制度の非利用者は多く残されています。今後予定される制度変更により、さらに利用者を拡大する余地はありそうです。非利用者のなかには、さまざまな制度を活用するための知識がなく、開始する方法がわからない方々もいるでしょう。こうした顧客に制度の内容を説明することも顧客獲得には有益と考えられます。実際、取引先企業の従業員の福利厚生の一環として、法個一体でセミナーなどを提供する金融機関も増えています。

もちろん、顧客に「金銭」がない場合もあります。その場合には、家計診断などのアドバイスも考えうるでしょう。資産形成は豊かな老後生活を過ごすためですが、将来のために現在を過度に犠牲にするのは本末転倒ではないでしょうか。このため、顧客を多く抱える金融アドバイザーの方から、貯蓄以前に携帯電話料金の見直しなどを通じて余裕資金を生み出したうえで、その資金を資金形成に回すことを勧めていると聞いたことがあります。こうした生活を豊かにする家計アドバイスこそが、資産形成層が求めるものではな

いでしょうか。アドバイスの範囲を投資に関するものと狭くとらえる必要は
ないと思います。

　上記では資産形成層を意識して考えうる課題を特定してみました。すでに
一定の資産を有する退職者層の課題は、家族構成等々により一段と細分化さ
れるでしょう。こうした課題の解決策は、最適な金融商品の助言にとどまら
ず、むしろ資金の有効な活用方法についてアドバイスすることも考えうるの
ではないでしょうか。そのためには、顧客情報の入手が前提となります。

(ⅲ)　ツールに頼らない顧客情報の入手が重要

　顧客課題の特定にあたっては、情報の非対称性を意識する必要がありま
す。なぜなら、情報の非対称性は、真の「顧客本位」が金融業界で実現しに
くい理由の１つだからです。このため、原則５は、「情報の非対称性」をふ
まえた顧客に対する重要な情報のわかりやすい提供を求めています。ただ
し、金融取引における「情報の非対称」には、金融機関が情報優位な場合と
顧客が情報優位な場合の２つの局面があると考えるべきでしょう[4]。

　第一の「情報の非対称」は、金融機関が金融商品に関して情報優位にある
ために生じます。通常は、この非対称性が意識されます。この非対称性のも
とで、顧客は、金融機関から提案を受けた商品が自らの最善の利益につなが
る商品かを判断しにくくなります。特に投資商品は、日常的なリテール商品
のように購入後にすぐに利用して、その効用を評価できません。一方で、短
期間に「儲け」を確保するための詐欺的な投資案件が時折、ニュースなどで
報じられます。すると、顧客はまともな話も含めて投資について疑心暗鬼に
なりがちです。

　このため、金融機関は顧客が情報劣位にあることを意識してその解消に努

4　遠藤長官は、「この顧客起点のビジネスモデル追求は金融機関の商品サービスの「見
　える化」と顧客自身の収支の「見える化」によって達成されるものと考えます。……こ
　うした２つの「見える化」によって多様な顧客がそれぞれの状況に合った商品・サービ
　スを選択できるメカニズムを金融機関が実現していくことが期待されます」と指摘して
　いる（日本経済新聞社シンポジウム「人生100年時代、変革する金融サービス　オープ
　ニングリマークス」2018年11月21日）。

めるべきであり、自己責任の名目で説明だけを行って販売する姿勢は望ましくありません（コラム10「金融商品販売では、「買主注意せよ」から「金融機関注意せよ」へ」参照）。情報の非対称の解消に伴い、特定の売れ筋商品が提供しにくくなるという危惧をもつかもしれませんが、正しい金融知識を有する顧客に売りづらい商品を提供するビジネスが長期的に維持可能なのでしょうか[5]。また、営業現場の職員は、そうした商品の提供という仕事にやりがいを感じるでしょうか。むしろ情報の非対称を解消するなかでも成立するビジネスモデルを確立する必要があるのではないかと筆者は考えます。

　第二の「情報の非対象」は、顧客情報にする顧客側の情報優位です。第一の場合と逆に、金融機関が情報劣位にあります。顧客が自らの家計状況を開示しないためです。この場合、顧客は、金融機関が自らの置かれた状況等をふまえて「最善の利益」につながる提案をしてくれているのか判断しづらいでしょう。むしろ、自分のことを知らずに提案された商品は、金融機関都合ではないかと躊躇しかねません。そうした躊躇をふまえると、金融機関は、顧客保護が求める「説明」ではなく、「傾聴」を通じて顧客情報に関する非対称性を解消する必要があると考えられます。こうした傾聴は機械的な一律の対応やツールではできません。この点を次の(3)で整理しましょう。

コラム 10　金融商品販売では、「買主注意せよ」から「金融機関注意せよ」へ

　金融機関は、金融商品販売に際し、規制上の「リスク説明は行った」と主張することがあります。しかしながら、原則5や6は、顧客属性をふまえた対応を求めています。これは買主である「顧客」ではなく、売

5　森長官は「正しい金融知識を持った顧客には売りづらい商品を作って一般顧客に売るビジネス、手数料獲得が優先され顧客の利益が軽視される結果、顧客の資産を増やすことが出来ないビジネスは、そもそも社会的に続ける価値があるものですか？」と痛烈な問題提起を行っている（「日本の資産運用業界への期待」平成29年4月7日）。

主である「金融機関」が注意することを求めているともいえるでしょう。本コラムでは、この点を整理します。

　金融商品に限らず、売買では通常、「買主注意せよ」との法格言が使われます。対等な者同士の売買では、この考え方が当てはまります。しかしながら、情報劣位の消費者が行う取引、とりわけ金融取引では、この考え方が見直されています。

　たとえば、わが国における消費者契約法の制定（平成13年4月1日施行）等です。消費者が事業者と契約をするとき、両者の間には情報の質・量や交渉力に格差があります。このため、消費者利益を守る観点から、同法は、不当な勧誘による契約の取消しと不当な契約条項の無効等を規定しています。「買主、注意せよ」では、消費者保護が図れないことをふまえ、「売主、注意せよ」で消費者救済を図るためです。

　また、英国におけるConsumer Duty規制[6]のもとでは「顧客の心理的バイアスの利用を制限する」等の観点から、次のような条項が設けられています。

　2A.1.9　消費者が自らの意思決定に責任を持つべきであるという一般原則を認識しつつ、本法律1条C項に定めるその他の要素を考慮すると、以下の理由により、リテール顧客に対して高いレベルの保護を要求することは適切である。

⑴　消費者は、通常、企業との関係において弱い交渉力に直面していること。

⑵　認知的及び行動的なバイアスの影響を受けやすいこと。

⑶　リテール市場業務を通じて提供される商品に関する経験や専門知識が不足している可能性

⑷　リテール市場業務には、しばしば情報の非対称性が存在すること。

6　英国FCAによる「A new Consumer Duty Feedback to CP21/36 and final rules」参照。https://www.fca.org.uk/publication/policy/ps22-9.pdf

> 2A.2.25　このセクションの横断的な義務のそれぞれは、企業に対して以下を要求している。認知・行動バイアス、脆弱性及び／又は知識不足の特性がリテール顧客のニーズと意思決定に与える影響を理解し、考慮すること。

　こうしたことをふまえると、説明は顧客本位の条件の1つにすぎず、他の要素を考慮した対応が求められるでしょう。むしろ、売主である金融機関は顧客が理解できない商品は販売しないといった対応が必要ではないでしょうか。

(3)　誤解3　「顧客本位では顧客ニーズに対応すればよい」（顧客満足との相違）

　顧客本位実現のためには、顧客が「口にした」ことはニーズ理解の切っ掛けにすぎません。そうした（顕在化した）ニーズだけに対応すればよいと考えているならば誤解と考えられます。原則6は「金融事業者は、顧客の資産状況、取引経験、知識及び取引目的・ニーズを把握し、当該顧客にふさわしい金融商品・サービスの組成、販売・推奨等を行うべき」とさまざまな要素を示しています。口にしたニーズへの対応で顧客が満足することと、顧客のためになる顧客本位とは違うと筆者は考えています。

　表面的な顧客ニーズだけにとらわれないためには、①顕在ニーズと潜在ニーズの違いを意識し、②フォローアップを通じて、③顧客情報に関する「情報の非対象性」を解消していく発想が、特に対面営業中心の金融機関で重要と筆者は考えています。

(i)　顕在ニーズ対応による顧客満足と潜在ニーズ対応による顧客本位の相違

　顧客満足と顧客本位は双方ともニーズ対応といえますが、それぞれの意味

はかなり違うのではないでしょうか。前者が表面的な（顕在）ニーズ、いわばWants（ほしいといっているもの）である一方、後者は真の（潜在）Needs、いわば顧客に必要なものともいえます。同じニーズという言葉を、どちらの意味合いで使っているかは重要です。

「顕在ニーズ」は、顧客自身がはっきりと自覚している商品やサービスの必要性です。こうしたニーズの解決方法を顧客は明確に認識しています。日々使用する日常品・サービスや消費する食物などについては、顧客が商品・サービスの内容をわかっていることもふまえれば、こうしたニーズ対応で十分な場合が多いと思われます。

一方で、「潜在ニーズ」は、（顕在ニーズの裏に隠れていて）顧客も自覚していません。潜在ニーズは、顧客にとって自らがもっている知識だけでは、その必要性を意識できません。金融商品・サービスに関しては、（金融機関が優位にある）情報の非対称性があり、顧客が金融知識を学ぶ時間に乏しいことをふまえると、顧客が口にした顕在ニーズにとどまらず潜在ニーズの特定がより必要ではないでしょうか。

もちろん、顧客が口にした顕在ニーズに対応している限り、「顧客満足」は満たすでしょう。しかしながら、顧客満足を満たすだけでは、真の「顧客の最善の利益」、つまり顧客本位にはつながりにくいでしょう。（第1章で指摘した）近江商人十訓の第5訓「無理に売るな、客の好むものも売るな、客の為になるものを売れ」を思い出していただければと思います[7]。さらに、顧客満足と顧客本位の違いは、（顕現ニーズと潜在ニーズとともに）短期と長期のいずれの観点で対応するかという整理が可能かもしれません。

この違いについて、（よい例になるかわかりませんが）肺がん患者が喫煙を希望した場合の対応を例にとって補足しましょう。読者の皆さんがお医者さ

---

[7] 鈴木俊一大臣も、金融サービスの審議において（コラム13参照）、「中には、極めてリスクが高いけれどもリターンが大きいので、どうしてもこの商品を欲しいという方があったとしても、そこはしっかりとした金融業者として最も最善を尽くしていく、顧客等の最善の利益を勘案するという観点から、それは売らないといいますか、そういうこともすべきだ、することができる、そういうふうになっております（2023年6月7日：衆議院財務金融委員会）」と答弁している。

んだとして、肺がん患者が喫煙を希望した場合に、どうすることが「患者本位」でしょうか。状況にもよりますが、顧客が希望（満足）するからといって喫煙を認めますか。患者のことを真に思うならば（長生きさせようとするのであれば）、むしろ、煙草を「やめさせる」ために、喫煙は肺がんの発生・再発の要因となる可能性が高いことを説明するのではないでしょうか。もちろん、最終的に喫煙するか否かは患者自身の判断です。しかし、医療知識の乏しい顧客に対して、おせっかい、諭す、耳の痛いことをいうことが必要でしょう。医者と同様、プロフェッショナルを自覚している金融機関の職員には、顕在化した短期的な要望への対応にとどまらず、潜在化している長期的な必要性をふまえた矜持ある対応を期待したいところです。なお、年齢確認のうえで吸い過ぎに注意しましょうというだけでは、法令に沿った説明をしているという意味で、顧客保護を満たしているにすぎない点も、念のために付け加えておきます。

　こうした潜在ニーズ把握には、顧客の「資産状況、取引経験、知識および取引目的・ニーズ」にとどまらず、家族構成等も含むさまざまな属性情報を知ったうえで、仮説をもって顧客と面談し、顧客に必要な商品に気づいてもらうことが必要です。たとえば、金融機関が当該顧客に住宅ローンなどを提供していれば、かなり立ち入った顧客情報を得ているでしょう。また、預金取扱機関であれば口座の入出金などのキャッシュフロー情報も有効と思われます。独立フィナンシャル・アドバイザーを利用する消費者は徐々に増えていますが、彼らは目の前の資金のみならず、家計や生活にまで立ち入った情報を得ているようです。

　対面営業中心の金融機関は、顧客に関してすでに一定の情報をもっている可能性が高いでしょう。その意味では、独立アドバイザーよりも、さまざまな仮説をもとに、一段と顧客のために役立つ提案が可能ではないでしょうか。こうした情報をふまえて、「傾聴」により潜在ニーズを引き出したうえで、解決手段を提案することこそが重要ではないでしょうか。

(ii) フォローアップの目的

　金融機関が顧客の属性情報を得るには、提案時のヒアリングだけではなく、原則6（注1）が指摘するフォローアップも有益でしょう。（(1)で整理したとおり）対面の金融機関も提案手法等を変化させています。こうした提案手法は、たしかに、ファイナンス理論的には正しいでしょう。しかしながら、理論が真に役立つためには提案のタイミングも大切です。顧客起点の「顧客本位」の発想に欠けていると、金融機関からみて都合のよいときに提案を行う手段になりかねません。

　こうした観点に立つと、フォローアップには見直しの余地があると筆者は考えています。たとえば、市場急落時の狼狽売り防止に向けたフォローアップは進んでいます。一方で、いわゆる利益確定売りへの対処はどうでしょうか。利益確定売りは、長期・分散・積立という観点からは、税金控除もふまえると必ずしも好ましくない面があります。仮に、なんらかの資金の必要性—たとえば、家族構成の変化に伴う大型自動車の必要性—があれば、別途ローンを提供するほうが顧客本位にかなうとも考えられるように思います。

　また、フォローアップが商品起点で行われていることも気になります。生活を豊かにするためのアドバイスという観点に立つと、顧客を軸にした定期的なフォローアップ、たとえば誕生日などに連絡をとるほうが望ましいのではないでしょうか。言い換えれば、フォローアップは、市況をふまえた保有資産状況の連絡ではなく、顧客の状況を確認して信頼を確保するための1つの方法と考えるべきでしょう。

(iii) サービスとしてのアドバイスの価値

　フォローアップで顧客の信頼が得られれば、アドバイスを中心としたビジネスも視野に入ってくるでしょう。従来、金融機関は一律・同一の商品・サービス提供をしてきたため、職場や自宅に近いなどの利便性をもとに顧客は金融機関を選んできたといえるでしょう。しかしながら、今後は、ライフスタイルの多様化に伴い個々人の生活設計に即した商品・サービスの選択が

重要となってきます。

　こうした生活設計は、いくら情報が増えているとはいえ、個人が自ら行うのはむずかしいかもしれません。そこでサポート役として、フィナンシャル・プランナー（FP）資格があり、金融機関においても、FP資格を有する職員は増えています。こうした生活設計をふまえつつ行うアドバイスは、今後、ますます重要となるでしょう。

　アドバイス提供に関しては、日本人はアドバイス、すなわち情報に費用を払う慣習がないという意見を聞くことがあります。しかしながら、筆者は、こうした意見にはくみしません。たとえば、日本人は教育情報に対しては、多額の費用を払います。これは、親が教育を通じて子供たちの将来に対する「夢」を共有し支援しようとしているからでしょう（コラム11「TVドラマ・漫画「２月の勝者」から学べること」参照）。

　一方、金融機関は、目の前の資金だけに着目し、その先の生活を意識していないのではないでしょうか。顧客からみると、金融機関のアドバイスは商品販売のついでに行っているようにしか聞こえない可能性があります。それでは有益なアドバイスではなく、関心が高まらないのは当然でしょう。顧客がアドバイスに費用を払う慣習がないのではなく、費用に値するだけのアドバイスになっているのかを検証したほうがよいかもしれません。

　顧客の多くは、教育と同様、情報を活用して長期的な視野で考えることの重要性に気づいています。しかしながら、実際の金融取引をみると、長期投資と矛盾する行動も確認されています。金融機関としては、商品・サービス等の提供後も市場環境だけでなく、家計の変化も理解し、共感力でもって利用者に寄り添う必要があるのではないでしょうか。そうした態度を通じてこそ、顧客からいっそうの信頼を得ることができると考えます。

コラム 11　TVドラマ・漫画「２月の勝者」から学べること

　TVドラマ・漫画「２月の勝者」が小学生をもつ親世代―金融機関の

顧客としては資産形成層一の間で話題となったことがあります。このドラマで主人公の塾講師は、「学習塾は、子供の将来を売る場所です」と偽悪的な言葉を口にする一方、実際には生徒自身や家庭環境の深い理解に基づき、「絶対合格」を目指して支援します。この講師の支援のポイントは、共感力とタイミングにある、と筆者は感じました。

　教育サービスと金融サービスは、利用者に情報を提供する点やコストに対するリターンの不確実性が高い点で似通った面があるでしょう。教育サービスが単に授業コンテンツや参考書といったモノを提供するだけなら差異は生じにくいでしょう。教育サービスの差異を生じさせているのは、共感力と適切なタイミングでの支援のようです。

　このことは金融機関の職員にも示唆を与えないでしょうか。金融機関が提供する情報は、ともすると、コンプライアンス的な都合や特定の投資手法やアプローチに基づくものになりがちです。また、自らの営業実績のために、顧客の状況などおかまいなしに連絡することも、しばしば見受けられます。これに対し、「2月の勝者」が示す教育産業では、①各生徒の個性をふまえて、②ふさわしい目標を設定したうえで、③時に悩みがちな親子に並走する学習塾の講師が、実績を伸ばしているのではないでしょうか。たとえば、1話完結のストーリーから、次のような姿勢は参考になるように感じました。

・子供の将来像として、スポーツ選手になるより中学合格の確率が高いと示す＝仕組債より投資信託のほうが長期的にみてリスク・リターンの関係は合理的と示す

・電車好きで勉強に身が入らない子に中学校での鉄研活動という具体的目標を示す＝将来の具体的な生活像の提示を通じて資産形成の重要性を示す

・厳しい競争環境が全生徒にふさわしいわけではなく、各々の適切な場があると示す＝自らの現在の家計・生活水準をふまえた適切な資産形成の方法を示す

「日本にはアドバイスや情報にお金を払う習慣がない」という指摘は

教育産業が成り立っている以上、妥当しないのではないでしょうか。生活設計において、利用者は現在を楽しむと同時に、豊かな将来に向けて金融面で有益な情報を求めていることは、さまざまな調査から明らかです。これに対して、やみくもに金融商品を販売したり、特定の投資手法などを勧めたりしているだけでは、顧客の信頼は得られません。（理想的な）教育産業と同様、利用者の声に耳を傾けたうえで、①各家計の現状をふまえて、②将来の妥当な目標を設定し、③狼狽売りや利益確定売りに走りがちなタイミングでフォローアップをすることが大切ではないでしょうか。

第 **II** 編

金融機関による
「顧客本位」と
「見える化」の実践

第Ⅰ編では、金融庁が顧客本位原則で求めていることや「見える化」の意義などを整理しました。本編では、こうした整理をふまえて、金融機関に望まれる対応を考えたいと思います。

　対応の出発点は、自らの顧客基盤に即した顧客本位に基づくビジネスモデルの検討です。この検討を進めれば、「見える化」として取組方針に盛り込む内容はおのずと明らかになることが期待されます。（後に触れるとおり）原則の全項目を満たすことを金融庁が求めているわけでもありませんから、原則を対応の出発点とする必要はありません。何より、原則をなぞるだけでは独自性のあるビジネスモデルは出てきません。

　ビジネスモデルの検討は、経営陣が中心となって相応の手間と時間をかけて行うべきものです。原則も、「本原則の採用するアプローチ」において「原則を外形的に遵守することに腐心するのではなく、その趣旨・精神を自ら咀嚼した上で、それを実践していくためにはどのような行動を取るべきかを適切に判断していくことが求められる」としています。手間と時間をかけずに、他行の取組みをまねたのでは、無理な施策が取り込まれ、営業現場において「顧客本位疲れ」につながることも懸念されます。

　大事なことは、ビジネスモデルにせよ、「見える化」にせよ、意識すべきは顧客であり、金融庁ではないということです。もちろん、金融庁は、販売動向などのデータをふまえて顧客本位に資さない行動をとっているのではないかと指摘しています。また、「見える化」においても一定の役割を果たします。しかしながら、金融庁は「原則」において、金融機関に対して顧客のための創意工夫を求めています。顧客本位を打ち出したのが金融庁という行政主体だったこと、さらにはプリンシプルという新しい手法を用いたことが戸惑いを招いているかもしれませんが、顧客本位を考える際には自らの顧客基盤をふまえて対応する必要があります。

　本編では、原則が目指す「より良い取組みを行う金融事業者が顧客から選択されていくメカニズム」の実現のため、金融機関が行うべきことを整理します（図表Ⅱ−１参照）。具体的には、顧客本位に基づくビジネスモデル検討や原則への対応（第4章）と金融機関における「見える化」活用に向けた留

図表Ⅱ-1　原則が想定する選択のメカニズム

国民の「『貯蓄』から『資産形成』へ」

「顧客本位の業務運営に関する原則」

原則を採択した金融事業者に
「取組方針」と「自主的なKPI」
の公表を促す

金融機関の取組みを比較可能と
すべく「見える化」を進め、国
民によりよい金融機関を選択し
て取引してもらう

「共通KPI」

「投資信託の販売会社に
おける比較可能な共通KPI」
の公表を促す

金融機関に顧客本位の良質
な金融商品・サービスの提
供を競い合わせる

「浸透・定着」に向けた金融庁の取組み

「見える化」の促進

「取組方針」、「自主的なKPI」、
「共通KPI」の公表先リストや金融
機関の取組みについての分析を公表

金融機関との対話

営業現場での顧客本位の業務運営の
浸透度合いについてモニタリング

金融庁・金融機関の取組みの顧客評価

金融庁・金融機関の取組みについて、
顧客目線での顧客意識調査」を実施

（出典）　金融庁資料を編集

意点（第5章）になります。

第 **4** 章

顧客本位と原則への対応

　金融庁がプリンシプル形式の原則を提示したねらいは、金融機関に対して顧客本位に基づくビジネスモデルへの転換を求めることにあると第1章で整理しました。たしかに資産形成意識の高まりに加えてNISA制度の恒久化と抜本的拡充に伴い、投資家層の裾野拡大は期待できます。しかしながら、この制度のもとでノーロード化はいっそう進展しますから、過度に販売手数料に依存したビジネスモデルは維持できなくなるでしょう。実際にNISA制度等による顧客の裾野拡大の恩恵を享受している金融機関の多くは、ネット系証券会社や独自のビジネスモデルで特定ターゲット層を獲得している比較的新しい業態と見受けられます。反面で、旧態依然のビジネスモデルのもとで、旧来型の業績評価も加わり、社会を騒がす不祥事につながった例はいくつもあります。

　こうしたことをふまえると、金融機関は受動的ではなく、能動的・自主的に必要とされる取組みを推進する意識をもつ必要があります。そうした意識をもってビジネスモデル転換を進めてこそ、顧客本位が実現できるでしょう。逆に、原則の文言に沿っただけの対応、ましてや顧客保護という規制の延長線上の対応では顧客本位は実現できないと筆者は考えています（顧客保護と顧客本位の相違は第3章(1)参照）。なお、非採択から直接的に効果は生じませんが、一定の不利益は生じうるでしょう（コラム12参照）。

　本章では、(1)顧客本位に基づくビジネスモデルを検討する際のポイント、(2)検討をふまえて原則を採択した金融機関の各階層が、その定着に向けて実施すべき事項、(3)定着に必要なカルチャー改革について考えてみたいと思います。

コラム
12

原則非採択の場合の不利益
——顧客本位の実効性の確保②

　プリンシプルは、「その性格上、仮にその充足度が低く、実現への改善努力が十分でない場合であっても、法令上の根拠なしに行政処分が行われること」はなく（「プリンシプルについて」）、原則も、同様に「原則への対応状況に問題があることを理由として直ちに行政処分を行うことは想定されておりません」としています（考え方Ⅰ項目167〜168）。

　では、「原則を採択しなくても何ら不利益はない」のでしょうか。結論としては、原則を採用せずに法令等の遵守状況が十分でない場合には、厳しい対応がありうるということが実効性を裏側から支えていると筆者は考えています。

　まず、原則に沿った「業務運営が行われていることのみで、行政処分の判断にあたっての軽減事由として考慮されるもの」ではないとされています。一方、「自主的に利用者保護のために所要の対応に取り組んでいる場合、特に行政当局と共有されたプリンシプル（平成20年公表）に基づき、自主的な対応を的確に行っている場合は、軽減事由として考慮」されることも示されています（考え方Ⅰ項目36参照）。行政処分は事案ごとにさまざまな要素をふまえて判断されるために慎重な言い回しですが、原則の採択と実践の程度によっては軽減事由となると示唆されているのではないでしょうか。このことは以下の【佐藤】の記述からも推認されます（93頁「当局等によるインセンティブ付与」）。

　プリンシプルの活用を促す方策として、当局の対応……によってインセンティブを付与することも考えられる。行政処分等を下す際に、処分対象者がプリンシプルの実践に努めていたか否かを、措置内容に反映させることを予め宣言しておく、といった手法も一つである。

わが国のプリンシプルは法的強制力を持つ規範ではないので、対象者において仮に規範への充足度が低い場合であっても、法令・規則上の根拠なしに不利益処分等が行われることはない。その上で、むしろ、プリンシプルに沿った自主的な取組みの実績が、処分内容・措置内容を検討する際の「軽減事由」として考慮される、という因果関係が明らかにされていれば、プリンシプルを活用する動機づけにつながるだろう。

　「金融行政上の行政処分について」では、まず基本原則として「法令に照らして、利用者保護や市場の公正性確保に重大な問題が発生しているという事実が客観的に確認されれば、厳正かつ適切な処分を行っていること」を確認した上で、処分内容の判断に際しての考慮事項として「軽減事由」を明記している。すなわち、「行政による対応に先行して、金融機関自身が自主的に利用者保護のために所要の対応に取り組んでいる、といった軽減事由があるか。特に、金融機関が、行政当局と共有されたプリンシプルに基づき自主的な対応を的確に行っている場合は、軽減事由として考慮するものとする。」と記述してインセンティブの付与を行っている。

(1)　顧客本位の実現に向けたビジネスモデルの検討

ビジネスモデル転換のアプローチと論点

　金融機関は、各原則の内容を取組方針に落とし込む前にビジネスモデルを明確にする必要があります。このビジネスモデルの構築にあたっては個々の経営環境をふまえた包括的な検討が必要であり、一般化はむずかしいところです。このため、原則との関係を意識して、筆者ができる範囲で検討のアプローチや論点を考えてみます。

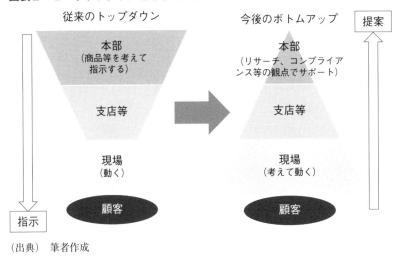

図表Ⅱ-2　トップダウンとボトムアップ

従来のトップダウン　　　　　今後のボトムアップ　　提案

本部
（商品等を考えて
指示する）

本部
（リサーチ、コンプライア
ンス等の観点でサポート）

支店等　　　　　　　　支店等

現場
（動く）

現場
（考えて動く）

顧客　　　　　　　　顧客

指示

（出典）　筆者作成

(i)　ビジネスモデル検討のための２つのアプローチの必要性

自社に即したトップダウンとボトムアップ

　ビジネスモデルは、トップダウンとボトムアップの２方向から検討すべき
と考えています。前者の分析がないと組織全体の「絵」が定まらないです
し、後者がないと実践力に欠け「絵に描いた餅」になるからです（図表Ⅱ-
２参照）。

　うちトップダウンに関しては、すでに経営理念や中期経営計画で示した方
向性をふまえつつ、拠点とする地域の経済や顧客基盤をマクロの観点から分
析することが有益でしょう。この方向からの検討作業は、上意下達の文化が
強い金融機関ではなじみが深いものと思います。

　一方、顧客本位では、ボトムアップがより大事と筆者は考えます。特に現
場で現に行われ、顧客から評価を受けている手法の検証も重要となります。
いわば現場の知恵です。ボトムアップによるビジネスモデル検討のために
は、現場のミクロの意見（苦情を含むお客様の声や反応）を吸い上げて活用で
きる文化である必要もあります。こちらは必ずしも金融機関が得意ではない

ように思います。カルチャー改革に向けた工夫が必要でしょう[1]。

　経営者は、トップダウン・マクロとボトムアップ・ミクロの分析をふまえて、自らが顧客に提供したい付加価値を明確化します。そのうえで、それを実現するための大きな枠組みとして、ビジネスモデル構築を進めることとなります。こうした検討が原則に沿った取組方針を策定する前に行われるべきと筆者は考えています。

　大切なことは、この2つはいずれも自社を取り巻く外部・内部環境の分析に基づくべきであるということです。裏を返すと、日本の金融業界でしばしばみられる他行の事例集めは、差別化を考える際の参考程度にしかなりません。それにもかかわらず、他行の取組みの真似ばかりしているのをみると、自らの顧客基盤や自社のリソース等をふまえたビジネス転換が必要だということに気づいていないのではないかと、筆者は感じざるをえません。

　ビジネスモデル転換の議論では、外部の目として社外取締役の意見も役立ちうるでしょう[2]。従来のように法制度で認められた業務をすべて一律に提供するのでは、金融機関の行動は同質的で差異が出ません。しかし、マネーロンダリング対応のリスクベースアプローチにおいて、外為業務などを廃止・縮小した例は多数あるようです。自らの顧客基盤や自社のリソース等をふまえて、リスク性商品の販売を見直すことも選択肢ではないでしょうか。ただ、金融機関は、業務の「選択と集中」や差別化が必ずしも得意ではないように見受けられます。その補完のため、他のビジネス分野で実績のある社外取締役の役割は重要と考えています。

ビジネスモデル転換をしない場合の対応

　ビジネスモデル転換には時間がかかります。このため、原則の採択に際し

1　遠藤長官は「金融機関は現場から気づきを上げ、顧客視点で改善提案が行われる組織をめざす必要がある」と指摘している（「今後の金融行政―過去・現在・そして未来―」令和元年11月13日）。なお、現場視点を活用した改革については筆者も整理したことがある（拙著『JA総合事業を強化する「ワイガヤ」』（全国共同出版、2020年））。
2　金融庁「業界団体との意見交換会において金融庁が提起した主な論点（令和4年9月14日）」において、「7割の先において、顧客の意見を補完し得る社外取締役を交えた議論が行われていない」と指摘されている。

て、従来のビジネスモデルを見直さなかった先は多いと推察しています。一方で、新たなビジネスモデルにより、顧客獲得に成功している金融機関も出てきています。たとえば、ネット系証券会社や独自のビジネスモデルで特定ターゲット層を獲得している比較的新しい業態です。また、（TF報告書を受けて）中立的なアドバイザー制度の創設も提案されており、アドバイスをめぐる競争環境は、今後、いっそう激化します。さらに、給与の電子マネー払いが可能となるなかで、決済に関与しない業者による「中抜き」が生じうるため、銀行等の（抽象的には存在するはずの）決済を通じた情報の比較優位は失われます。ビジネスモデルを変えないことに伴うリスクを意識すべきでしょう。

　言い換えれば、社会環境や競争環境をふまえ、リスク性金融商品の販売は「やるならちゃんとやる」必要があるでしょう。しっかりとしたビジネスモデルを示したうえでの一時的な収益低下であれば、長期的に株主の利益を損なうわけではないはずです。むしろ、そうした姿を示せない金融機関に対する投資意欲が失われることもあるのではないでしょうか。仮に、ビジネスモデル転換を伴う中長期的な対応がむずかしければ、リスク性金融商品の販売からは手を引き、他の社会的課題の解決に向けたビジネスに注力することも立派な経営判断と考えています。

⑪　ビジネスモデル検討における論点

　ビジネスモデル転換には、①どの顧客（誰）に対して、②どんな商品・サービス（何）を、③どのような方法で提供することで付加価値をもたらすか、つまり「顧客の最善の利益」となるかを明確化するとともに、自らの安定した収益の確保のため、どの手数料を収益源とするかを考える必要があります。

「誰に何を」と監督指針

　うち「①誰に②何を」は原則2が求める「顧客の最善の利益」と関係します。顧客の求めるものはさまざまでしょう。ただ、自らの顧客層を分析して、分類（セグメンテーション）したうえで、注力する層（ターゲット層）を

決め、当該層のニーズに応じた商品・サービスの提供を検討する必要があります。

　この顧客分析に関しては、2021年に市場WG報告書Ⅱをふまえて改正された監督指針への留意が必要です。そこには、①「金融商品の内容が顧客の属性等に適合することの合理的な理由があるかどうかの検討・評価を行うことが必要である」、②「個別の金融商品について、そのリスク、リターン、コスト等といった顧客が金融商品への投資を行ううえで必要な情報を十分に分析・特定しているか」と記述されています[3]。

　実際に、金融機関において顧客分析や当該分析に沿った商品・サービス範囲の検討は十分でしょうか。多様なニーズに応えるという名目のもと、商品・サービスをいたずらに増やすことも多いように筆者は感じます。ターゲット層（①誰に）を明確にすれば、商品ラインナップ（②何を）にも違いが出てくるはずです。多くの金融機関が似通った商品を扱っているのをみると、原則２における「顧客の最善の利益」どころか、監督指針を意識しているかすら、疑問に感じます。

外訪営業中心からの転換の必要性

　次に、「③どうやって」に関しては、既存先に対する外訪中心の「営業活動」は少ないほうが望ましい、と筆者は個人的に考えています。収入に結びつくまで、営業活動は純然たるコストだからです。もちろん、営業しないと手数料等の確保に結びつかない面があることは否定しません。たとえば、投資信託営業の典型的スタイルとして、大口定期預金の満期日などを利用して既存先に提案をすることがあります。この営業活動でも、低金利下で定期預金の金利に不満をもつ顧客が「満足」する一方、金融機関は投資信託の販売手数料によって一定の収益をあげられるとは思います。

　しかしながら、こうしたスタイルが過剰な営業活動につながった面はないでしょうか。特に、既存先の営業に偏った場合には、収益維持にも限界がありそうです。また、次々に新たな提案をするために投信の取扱数を増やして

3　「金融商品取引業者等向けの総合的な監督指針」Ⅲ－２－３－１参照。

いくことは、原則3「利益相反の適切な管理」の検討を含めてさまざまなコストがかさみます。むしろ、商品提案のための外訪営業抜きに、既存顧客の「最善の利益」を確保していても一定の販売量確保は可能ではないでしょうか。その場合、コストのかかる過剰な営業活動に伴うコストは発生しません。

さらには、「最善の利益」が確保できれば、理想的には、紹介（口コミ）による顧客基盤の拡大も期待できるでしょう。この結果、残高増に連れてストック収入が増える一方、経費率改善も期待できます。販売から得られるフロー収益から残高増に伴うストック収益への移行を進めようとしている金融機関は多いようですが、営業スタイル変更も考える必要はないでしょうか。

チャネルの見直しの重要性

こうした外訪営業からの転換を図る場合には、顧客接点となるチャネルの位置づけも考える必要はないでしょうか。

既存セールス中心ならば、営業領域を区分して営業員を配置し、能動的に顧客を往訪することが必要でしょう。しかしながら、投資に向けたアドバイス等を積極的に求める顧客への対応を中心にするならば、支店ごとに営業員を配置する必要はないでしょう。むしろ営業拠点を集約して、集中的に対応できる体制にしたほうが顧客に有益と考えられます。また、相談したい潜在顧客が多いなか、アクセスが容易な土日対応や商業施設内の相談所などでの対応も考えられます。加えて、対面での応対が必要でない局面があることもふまえて、インターネットを利用した面談や取引も重要となるでしょう。

実際に、拠点のあり方を変更して相談に応じやすくする一方、販売についてはノーロード化を通じてネット取引に誘導する金融機関は多くあります。こうした手法の見直しは、顧客の最善の利益につながりうるものであり、原則4「手数料等の明確化」や原則5「重要な情報の分かりやすい提供」に対応した、差別化の工夫として示すことが可能となるでしょう。

(ⅲ)　収益確保に伴う論点

フロー収益とストック収益の割合

　営業手法の見直しは、収入源として、フロー収益である販売手数料等のコミッションとストック収益であるフィーの割合を、どう考えるかという課題にもつながります。

　ここでいうコミッションは商品販売時に徴収するものです。現状では、営業活動に伴うコミッションに依存した先は多いでしょう。一方、フィーは資産運用に関するアドバイス等の対価です。算定方法は預かり残高比例や時間・回数に応じたチャージなどいくつか考えられますが、いずれにせよ、フィーは販売時に得るものではありません。

　一般的に、後者のフィー獲得に比重を移そうとする金融機関が増えています。前者のコミッションはつみたてNISAではゼロですし、新NISAではノーロード商品が成長投資枠にも広がり、コミッション縮小に拍車がかかるはずです。さらに、NISAとかかわりなく、ネット系証券との対抗上、インターネット販売ではコミッションを引き下げる金融機関が増えてきています。従来のコミッション依存からの脱却が長期的に維持可能なビジネスモデル構築の大きな論点の1つとなるでしょう。

販売依存からの脱却

　サービス提供に伴う収益を得ることは、外訪営業で販売力を競う状況からの脱却を意味します。こうした点に力を入れる金融機関は、販売会社という枠組みにはおさまりません。むしろ、投資信託以外の商品・サービス提供を含む金融サービスの提供者といいうる存在です。

　インターネット上で安価に商品提供する金融機関が広がっていることをふまえると、外訪営業を主体とする金融機関にとっても、提案・販売時のアドバイスにおける質の向上やフォローアップを含む事後サービス充実は不可避でしょう。こうした質の向上や充実は原則6「顧客にふさわしいサービスの提供」に通じます。

　法制度上も、たとえば「金融サービス仲介業」が創設され、さまざまな業

務のあり方が可能となっています。アドバイス提供を中心業務とする新たな子会社の設立を含めて、販売に依存しないビジネスモデルが検討されるべきだと思います。

コラム13 「顧客の最善の利益」確保の義務化の意義

　TF報告書では、「顧客に対して誠実・公正に業務を行い、顧客の最善の利益を図るべきであることを広く金融事業者一般に共通する義務として定める」ことが提言されています。これを受け、金融サービスの提供及び利用環境の整備等に関する法律（通称、金融サービス提供法）2条により、金融機関に対して、「顧客等の最善の利益を勘案しつつ、顧客等に対して誠実かつ公正に、その業務を遂行しなければならない」とする義務を設けることが目指されています。

　この義務化を受け、ルールに基づく旧来型の行政への回帰を懸念する声があるとも聞きます。しかしながら、TF報告書も、「プリンシプルベースの規定を法定化するに当たっては、ルールベースの取組みとの適切な役割分担を踏まえ、今後も両者のベストミックスを図っていくべきであるとの意見」や、「金融事業者がルール化されたミニマム・スタンダードの遵守に留まることがないよう、独自の創意工夫を続けていくことが重要であるとの意見があった」と指摘しています（3頁の注3、8参照）。さらに、「金融事業者一般に共通する義務とされる場合であっても、その内容は全ての金融事業者に一律というものではなく、金融事業者の業態、ビジネスモデルなどの具体的な事情に応じて個別に判断されるべきであるとともに、金融事業者に求める具体的な対応が不明確となる懸念があることから、監督当局においても硬直的に対応せず、金融事業者の創意工夫が発揮されるよう対話に臨むことが期待されるとの意見もあった」とされていることに着目すべきでしょう。平たくいえば、（抽象的な）義務化と（プリンシプルに基づく）創意工夫とは両立すると

いう考え方です。

　もちろん、適切なバランスの判断は人によって異なりうるため、ルール回帰への懸念が理解できないわけではありません。この点、「原則については、金融事業者の取組状況や、その取り巻く環境の変化を踏まえ、必要に応じ見直しの検討」が行われる点には留意が必要です（市場WG報告書Ⅰ7頁、同Ⅱ1頁）。プリンシプルに基づく創意工夫が図られず、一段とルール化に進まざるをえないことになる可能性については筆者も危惧しています[4]。回帰を防ぐためには、金融機関が（本文で整理したような）プリンシプルで求められる対応を行うことが重要でしょう。その状況によって、さらに顧客本位Version 3に進展していくか、ルール・ベースに回帰するかが決まると考えています。

(2)　「原則」採択において求められる対応

　金融機関は、顧客本位に基づくビジネスモデル検討の後、「原則」を採択することとした場合、自らの行動指針を「取組方針」として策定・公表する必要があります。さらに、「取組みが形式的なものに止まることなく、金融事業者がより良い金融商品・サービスの提供を競い合うといった、実質を伴う形での定着」のため、①金融機関の各層が期待される役割を果たしつつ、②全体としてPDCA（Plan、Do、Check、Action）サイクルの実践を通じた対応が求められていることは「定着に向けた取組み」や「原則」からは明らかです（図表Ⅱ-3参照）。

(i)　金融機関の各段階の適切な行動

　顧客本位がビジネスモデルそのものだとすると、第1線の本部における創意工夫の検討や営業現場における実践だけでは十分ではありません。そうし

4　市場WG30回でも、そうした危惧が示されている。

図表Ⅱ－3　顧客本位に係るPDCA

Plan
基本方針・年度の
具体策等の策定

Action
取組結果の整理と
次年度の具体策等の策定

Do
具体策の
営業現場における実践

Check
経営陣・本部・営業現場
職員による振り返り

（出典）　金融庁資料

た検討や実践に先立って経営陣を含めた金融機関全体での対応が必要です。また、事後的には、3線管理の枠組みで実践状況や妥当性を検証し、ビジネスモデルを再検討する必要もあります。「定着にむけた取組み」の次の記述は、同じ趣旨をより具体的に整理したものです。

「原則」を踏まえた金融事業者の行動

　各金融事業者においては、
―顧客本位の業務運営を確保するための経営トップのリーダーシップの発揮、
―マネジメント層における業務計画等の策定・実施、フォローアップ、
―現場レベルでの実践を通じた浸透、フィードバック、
など、それぞれの段階に応じた適切な行動が求められる
　その際、金融事業者は自らの取組みが実質を伴う形で定着しているか、仮に実質を伴っていないとすればどの段階でうまく機能していないのかを分析し、経営トップの責任において改善がなされるべき

経営トップによる経営計画と取組方針の整合性の確保

　経営トップのリーダーシップの発揮として、具体的に何が求められるでしょうか。必要なことの1つは、経営計画と取組方針との整合性の確保と筆

者は考えています。

　経営計画は、経営陣による投資家等へのコミットメントです。一方で、取組方針は顧客に対して「最善の利益の確保」を宣言するものです。対象が違うために、強調する点や表現は異なっても不思議ではありません。しかしながら、両者の出発点には経営理念があるでしょう。経営陣が経営理念を明確化し、両者の関係を意識できていれば、両者の間で大きな乖離は生じえないでしょう。

　仮に両者の間に乖離があるとすると、経営トップのリーダーシップが発揮されていないのではないでしょうか。この点、中期経営計画は経営理念を意識して作成しているのが通常ですから、取組方針策定において経営理念が意識されていない可能性があります。逆に、経営理念が意識されていれば、誰に、どのような金融商品を、どうやって提供していくのかを検討すること（ビジネスモデル構築・修正）も容易でしょう。この結果、中期経営計画と取組方針は整合的なものになりやすいと考えられます。

　一方、経営理念が不明確な場合には、営業目標だけをみて「とりあえず売れ筋商品を売って販売額を伸ばそう」「手数料の高い商品を売って収益をあげよう」といった心理に傾きやすくなるのではないでしょうか。顧客本位ではない営業は、リーダーシップ不在、経営理念の不明瞭さに随伴する現象の１つであると筆者は考えます[5]。

マネジメント層によるPDCAの実践

　マネジメント層による業務計画等の策定・実施、フォローアップとは、PDCAサイクル実現の実践ともいえます[6]。特に、原則ではPDCAを（第５章で触れる）「見える化」とともに実践することが重要でしょう。プリンシプル形式で必要な「コンプライorエクスプレイン」として、取組方針の策定に加え、取組状況の開示が求められているためです（市場WG12回など）[7]。この

5　金融庁「業界団体との意見交換会において金融庁が提起した主な論点（令和４年９月14日）」において、「多くの先において、中期経営計画のリテールビジネス戦略と取組方針等とが整合的でない」と指摘されている。
6　【池田】８頁。
7　【佐藤】113頁。

点は(ii)で触れます。

　取組方針等の策定に際しては、それに沿った「社内規程、社内態勢の再検討、再整備等」も必要となりえます（考え方Ⅰ項目58）。その際、顧客保護のための社内規程等の整備や遵守がなされているからといって顧客本位の実現には必ずしもつながらないことには留意が必要です。むしろ、合法かという視点を超えて、顧客本位の観点から内規等が合理的なものとなっているかを検証する必要があります。

営業現場の実践的な知恵の活用

　現場レベルでの実践を通じた浸透、フィードバックに関しては、現場の知恵の活用が重要と考えます。たとえば、真の顧客本位を実現し顧客からの評価が高い営業職員の手法を組織内で横展開するため、取組方針に盛り込むことが考えられます。金融機関には、顧客の目線で提案等を行い安定的に高い評価を得ている営業職員がいるはずです。こうした職員の手法を一般化して他の職員と共有することは有効です。なぜなら、それは地元の顧客の真のニーズに合致するのみならず、地に足のついた取組みとして実行もしやすいと考えられるためです。実際に、いくつかの金融機関では、そうした職員の取組みを外部用・内部用のHPで示しています。こうした事例は取組方針を作成するうえでも活用すべきでしょう。さらには、研修を通じた共有も考えられます（コラム16「営業現場に対する研修の見直しの必要性」参照）。

　そうした職員がいなければどうするのか。その場合には、むしろリスク性金融商品の販売を取りやめるべきと申し上げてはいいすぎでしょうか。ただし、私のコンサルタントとしての経験からは、必ず顧客本位を実践している職員はいるはずです。営業現場に出向いたことのない本部職員も多いようですが、現場職員との対話を通じて、身近な顧客本位の実践例を探すことが重要ではないでしょうか。

(ii)　原則1に基づく取組方針と取組状況の策定

　顧客本位原則は、プリンシプルに基づくものですから、「自己責任に基づく法令順守意識と倫理規範、行動規範」[8]が実効性確保の基礎になります

図表Ⅱ－4　取組方針等の作成

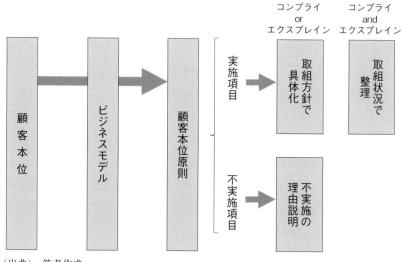

（出典）　筆者作成

（第1章(3)参照）。この規範意識を高めるためには、金融機関による自助努力が取組方針として具体化・明確化される必要があります。これが、プリンシプル形式で一般に求められる「コンプライorエクスプレイン」です。原則は、この取組方針への規律づけとして、さらに「コンプライandエクスプレイン」を求めています。この両者を整理したいと思います（図表Ⅱ－4参照）。

コンプライorエクスプレイン

　原則を含むプリンシプルで必要な「コンプライorエクスプレイン（comply or explain）」は、「原則を守るか、守らない場合には説明する」です。金融機関は、（原則に即していえば）原則2～7（（注）を含む）すべてに対応する必要はなく、なぜ対応しないかを説明すればよい、ということになります。実際、原則中の「本原則の採用するアプローチ」において、「自らの状況等に照らして実施することが適当でないと考える原則があれば、一部の原則を

8　佐藤講演。

実施しないことも想定」していると示されています。これは、金融機関のビジネスモデルや取り扱う金融商品・サービスはさまざまであって、一律の対応は適切ではないためです[9]。ただし、「「実施しない理由」等を十分に説明すること」は求められます。

　金融機関が不実施とする理由にはさまざまなものがありうるでしょう。たとえば、該当する業務がないという論理的に実施できないケースから、優先順位が低いといった個々の金融機関の判断に係るケースまでありえます[10]。原則は、このように一律・画一的な遵守を求めているのではないため、自らの状況等に照らして、個々の原則ごとに実施するか否かの判断がまずは必要です。そのうえで、仮に実施することが適切でないと考えるならば、「実施しない理由」や代替策を取組方針で明らかにする必要があります。

　金融機関のなかには、「原則のうち、実施していない項目について取組方針等に記載のしようがない」といった意見もあるようです。ただ、顧客からすれば、その理由や代替策についての説明があってはじめて、実施しない項目があるということを認識し、さらに、その妥当性を判断できるでしょう[11]。「原則」全体を採択した以上、実施していない理由や代替策を記載することは、「原則」の策定当初から求められていることです。

コンプライandエクスプレイン

　コンプライandエクスプレインは、原則1「明確な方針を策定・公表」に加えて、「当該方針に係る取組状況を定期的に公表すべき」に基づくものです。他のプリンシプル・ベースの文書と異なり、コンプライした結果の公表が求められることが原則の特徴です。このため、取組方針だけを示し、取組状況を公表しないのは、原則を実施していないこととなります。両文書の公表は顧客本位の実効性を高める観点からきわめて重要です。

9　【佐藤】87頁は、「同時に、すべての当事者がすべての規範項目に一律に従うことが、個別当事者にとっても、社会的にも最良の結果をもたらすとは限らない可能性を意識したスキームになっている。各当事者を取り巻く環境条件が様々であり、一般的には好ましい対応が、個別の条件の下では実行困難であったり、かえって好ましくない結果をもたらしたりするかもしれないことに配慮しているとも言える」と説明している。

10　考え方I項目14、15。

11　キンザイ2021①。

金融機関は、このコンプライor/andエクスプレインを通じてPDCAサイクルを実践する必要があります。具体的には、①取組方針の策定・公表（Plan）、②当該方針に沿った実践（Do）、③実践結果に係る取組状況の整理（Check）、④取組方針の見直し（Action）を行うこととなります。取組方針で確約した顧客本位に沿った行動が、どの程度、実現できたのかを取組状況で示してこそ、顧客も選択しやすくなります。

　しかしながら、現状の取組方針等は、金融庁の期待に十分に応えていないものが多く、有効なPDCAにつながっていないのみならず、「見える化」としても不十分なように感じます。この点への対応は、第5章で触れます。

(ⅲ)　取組方針と取組状況を通じた対外的なコミットメント

　取組方針策定に際しては、金融庁が、しばしば「何が顧客のためになるかを真剣に考え、横並びに陥ることなく、より良い金融商品・サービスの提供を競い合うとの観点から適切に判断されるべき」といった回答をしていることには留意が必要です（考え方Ⅰ項目26、29～31、54参照）。また、「原則を外形的に遵守することに腐心するのではなく、その趣旨・精神を自ら咀嚼した上で、それを実践していくためにはどのような行動を取るべきかを適切に判断していくことが求められる」（原則中の「本原則の採用するアプローチ」参照）という指摘も重要です。

　こうした表現の背景には、取組方針は、自らが考える顧客本位の実現に向けた対外的な宣言であり確約といった考え方があるでしょう。義務色の強い「（Fiduciary）Duty」という表現から「（顧客本位）原則」に変えられたからといって、努力だけすればよいと意識されているとしたら誤解でしょう。むしろ、自らが判断して掲げた方針である以上、コミット度合いは一段と強まっていると考えるべきではないでしょうか（コラム14「取組方針・取組状況の意義」参照）。

　なお、取組方針は策定・見直しのつどの公表となる一方、取組状況は1年に1回程度、公表することが必要です。原則において、取組方針に関しては「当該方針を定期的に見直すことが求められる」とされ、それ以上の頻度は

示されていません。筆者の考えでは、最低限、中期経営計画策定時に修正が必要でしょう。一方、取組状況をふまえて見直しの検討は行うべきであり、その結果として、より高頻度で見直すことはありうるでしょう。一方、取組状況に関しては、「少なくとも年に１度は行うことが適当」と示されています（考え方Ⅰ項目45参照）。PDCAサイクルを実践している以上、少なくとも毎年の結果取りまとめが必要と考えているためであり、より高い頻度の公表でもよいことになります。

取組方針・取組状況の意義——原則の実効性確保③

　原則が採択された場合、その実効性は、顧客が取組方針とその結果としての取組状況をみて金融機関を選択するメカニズムと、自己規律によって確保することが期待されています。

　うち選択のメカニズムは、私人間の相互作用に基づく実効性確保、いわば市場規律です。そこでは、行政の関与はルール・規制ほどには想定されていません。私人間での実効性確保は、「金融機関の自主的な取組みを促進する、あるいは金融機関の経営の自由度を確保するといった点でメリットの大きいもの」[12]です。行政が関与できる範囲と程度にも限界があるなか、この私人間での実効性確保が行政による法の制定・執行に論理的に劣るとは筆者は思いません。ただ、行政による対応に慣れてきた日本で、私人間での実効性確保が有効となるには相応の時間がかかることは否めないとも思います。

　自己規律としては、コンプライorエクスプレインを通じて金融機関自身が適切な中身を考え、その過程を通じて規範意識を高める必要があります。規制のように外から規範が与えられるわけではなく、自ら規範を考えることが大切です。原則では、「その趣旨・精神を自ら咀嚼して」

12　佐藤講演参照。

と記述されています。

　また、【佐藤】は、コンプライorエクスプレインは「各当事者の自主的な判断を尊重するとともに、当事者の状況に即して自らの頭で考えることを促し、規範の意義と利益を深く理解してもらうことをねらっているとも言える」と指摘しています。いわば、柔軟な中身とあわせて、作成への関与を通じて規範意識が高まることに期待しています。そのうえで、以下のとおり、自己規律とともに市場規律の活用が期待されています（87頁「コンプライ・オア・エクスプレイン」）。なお、市場規律の活用ではKPI（Key Performance Indicator）の活用が重要となりますが、この点は、第5章(3)で触れます。

　上述した分権的規律のメカニズムの文脈で考えてみると、この「遵守か説明か」のスキームは、情報開示を前提に、「自己規律」と「市場規律」の協働的作用によってプリンシプルの実効性を高めることをねらっているものとも言える。各当事者は、規範項目に適合するかしないかを判断する過程で、その意味を考えるので、規範への理解が高まり意識が高まることになる。このプロセスを通じて多様な当事者の間で規範意識が共有され、収斂していくことになる。つまり「自己規律」を高める場を提供しているのである。また、各当事者の判断結果は、情報開示を通じて市場に晒されるため、それ自体が各当事者に緊張感をもたらすとともに、開示内容に対する市場での評価を通じて当事者への規律づけ効果が生じる。つまり「市場規律」が作用する場を形成している。

---

(3)　カルチャー改革の必要性

　金融機関では、上記(2)とともに旧来からの文化・カルチャーを改革する必

図表Ⅱ-5　金融機関間の望ましい競争

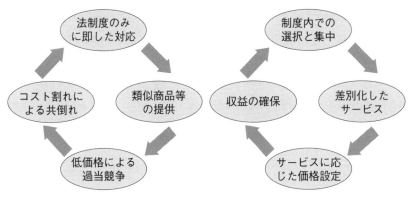

(出典)　筆者作成

要が生じるでしょう[13]。原則2は、「(顧客本位に基づく) 業務運営が企業文化として定着するよう努めるべきである」としています。具体的なカルチャー改革としては、これまでも整理してきた短期志向から長期志向への移行や横並び意識からの脱却に加えて、①トップダウン優先からボトムアップとの両立や、②ミスへの態度があげられます。こうしたカルチャー改革を伴ってこそ、原則が期待する「より良い金融商品・サービスの提供を競い合う」環境が整うものと筆者は考えています (図表Ⅱ-5参照)。

(i)　改革の視点

従業員満足の重要性

　顧客本位の実現のためには、(繰り返しになりますが) ビジネスモデルを検討したうえで、第一線の営業本部や現場がそれをどのように実現するかまで落とし込むことが必要です。落とし込んだ内容に沿って実践する際には、個々の従業員の意識への働きかけが必要です。いくら方法論を示しても、従業員がその気にならなければ実践はおぼつきません。実践のためには、従来からのやり方の変化をいとわないカルチャー改革が必要というわけです。従

13　カルチャーや企業文化が「役職員の行動や意思決定に大きな影響を及ぼすことがある」点に関しては、金融庁「コンプラ方針」(5頁) でも触れられている。

業員が満足しモチベーションが上がること、いわば従業員満足度（EX）の向上を目指す必要があるでしょう。

EXの観点から変革すべきカルチャーのなかには、本部の方針に基づく上意下達も含まれうると考えています[14]。顧客本位の実現にあたっては、顧客のことをよく知っている営業現場の声を生かすべきと考えているからです。そうした現場の声をふまえることは従業員のやる気にもよい影響を与えるに違いありません。

本部第1線の役割の変化

営業現場の声を生かすためには、営業目標の設定などを含め本部第一線の役割も変わってきます。既存先偏重のセールスでは、本部から営業現場である支店に対して、営業目標が割り振られがちです。また、本部が営業店の上位組織として営業目標を管理し、営業手法を指導する方法と親和性が高いでしょう。

しかしながら、顧客起点で受動的に対応するならば、営業目標は支店ごとに自主的に設定する必要性が高まります。実際、本部は支店に対して営業目標を設定しない動きがあります。また、本部の機能として支店営業員が顧客に対して行う相談やフォローアップに必要なツール導入の検討など支援の要素を強めるといったかたちで、本部と支店との関係を変えている金融機関もあります。こうした変化を受けて、本部の顧客本位関連の統括部署の名称を、「営業」を意識した名称から顧客を意識した名称に変更する金融機関も少なくありません。

キャリアパスや業績評価の見直し

第1線の従業員の満足度向上の観点からは、個人の業績評価、さらにはキャリアパスも検討対象とすべきでしょう。

うち個人業績については、原則7の業績評価で触れられているとおり、そ

14　氷見野長官は、「組織に創意工夫に取り組む文化ができると、ビジネスモデルの構築、持続可能な収益基盤の構築に向けて進みやすくなる。顧客に付加価値を提供できるビジネスモデルが築けると、銀行は魅力ある職場となり、人材の確保にもプラスであろう。組織基盤を維持できれば、想定外の事故のリスクも低下する」と指摘している（講演「コロナ後の経済と金融」令和3年6月14日）。

の重要性は明らかです。現に顧客本位原則の公表以降、定量面では販売量から残高へと業績評価の基準を変化させている金融機関が多くみられます。わかりやすい定量的な「目標」の有用性は必ずしも否定しませんが、販売目標達成のために回転売買などの悪しき慣行が発生した例もあります。一方で、残高目標に変更したところ、ポートフォリオ最適化のために必要な提案が行われなくなったという事例もあるようです。

　このため、業績評価の基準を定量的なものから定性的なものへ変化させる金融機関も増えています。ただし、定性目標にも一定の操作性がありますので、定性目標を実現するために行動がゆがめられることもあるようです。このため、目標設定プロセスも含めたマネジメント手法を変える金融機関も増えています。こうしたマネジメント手法の変更においては、職員の長期的なキャリア形成も意識されているようです。

(ii)　ジャストカルチャーと３線管理の重要性

　失敗を防ぐだけではなく、失敗から学ぶ文化（コラム15「ジャストカルチャーについて」参照）も必要でしょう。ビジネスモデル転換の過程では事前には予期できなかった弊害が生じる可能性を否定できません。むしろ弊害が生じない程度では転換ができないといったほうが正確かもしれません。したがって、とるべき対応は、弊害発生をすべて防ぐことではないでしょう。弊害に早期に対処できるような仕組みをつくることです。

　失敗から学ぶ文化は、PDCAサイクルとも関連します。その際、特にCheckするための３線管理の枠組みの強化が必要となります。Checkの過程では、営業現場の実践状況や結果を苦情や計数面の変化をふまえて振り返ることとなります。その際、単に「うまくいかなかったこと」を失敗として否定的にとらえるだけでなく、失敗の原因がどこにあるかを検証することが重要です。こうしたPDCAの枠組みの整備をしたうえであれば、大胆なビジネスモデル転換にも取り組みやすくなるでしょう。ビジネスモデル転換に伴う問題に気づきやすくなるからです。

　問題が小規模で早期のうちに対応できれば、大量の顧客離れや行政からの

重大な指摘にはつながらないと考えています。この実践状況や不都合な状況を検証する第2線・第3線の整備については、第5章(3)でより詳しく触れたいと思います。

(iii) カルチャー改革なき対応による顧客本位疲れ

　上記のようなカルチャー改革は進んでいるでしょうか。残念ながら、筆者には、多くの金融機関では、流行りの営業ツールの導入を中心とする方法論に注力するあまり、「カルチャー改革」が伴っていないように見受けられます。これでは、EXは高まらず、顧客本位疲れが生じてしまうことが危惧されます。

　投資信託の販売員は、最近では、新規商品、モデルポートフォリオ分析やゴールベースアプローチに関する営業ツールなど学ぶべきことが多いようです。従来とはビジネスモデルが異なっていることを明確にしたうえでないと、そうしたことを学ぶ意義がわからないでしょう。現場職員の多くは「お客様のため」という意識をおもちのはずです。そうした意識をふまえて、「学び」を求めないと、疲弊するばかりでしょう。ビジネスモデル転換を伴わない取組みが、「顧客本位疲れ」に陥らないように留意すべきと考えています。

　さらに、留意すべきは、モデルポートフォリオ分析やゴールベースアプローチに関する営業ツール導入は、「既存顧客偏重の営業」を変えることには必ずしもつながらないことです。ビジネスモデル改革と（これに沿った）カルチャー改革が伴わなければ、これらの営業ツールは、単に既存顧客に対して無理に商品を買わせるための新たな提案や理屈を現場にもたらす可能性すらあります。ツール導入そのものが間違っているわけではないのですが、本部は、導入までで満足してしまっていないでしょうか。そうした姿勢は、むしろ顧客本位が進まない要因の1つになりかねません。

　カルチャー変革、営業現場における発想・マインドセットの転換が伴わず、方法に着目するだけでは、真の顧客本位の実現はおぼつかないと筆者は感じます。金融庁が規制ではなく、原則方式をとったことの背景の1つに

は、過度に規制等を遵守することに伴う、いわゆる「コンプラ疲れ」があり
ました。「コンプラ疲れ」が「顧客本位疲れ」につながったのでは本末転倒
でしょう。

コラム15 ジャストカルチャーについて

　カルチャー改革の1つとして筆者は「ジャストカルチャー（Just
Culture)」の導入も不可欠と考えています。その重要性については、金
融庁もオペレーショナルレジリエンスの文脈で触れています[15]。本コラ
ムでは「ジャストカルチャー」を紹介します。

　ジャストカルチャーはもともと航空業界からきた言葉で、「安全に関
する重要な情報を提供することが奨励され、さらには報いられること。
ただし、許容される行動と許容されない行動との間に明確な線引きがあ
ること」などと説明されます[16]。この文化のもとではエラーを起こした
個人を責めるのではなく、なぜエラーが起こったのか、真の原因を究明
し再発防止を図ることが求められます。いわば失敗を防ぐことだけに力
を入れるのではなく、失敗から学ぶ文化です。

　一方、金融業界では、長らく失敗（ミスやエラー）がないことが当然
とされ、失敗が原因で問題が生じた場合、失敗を起こした個人に対する
人事上の処分（ペナルティ）が課されることが少なくありませんでし
た。もちろん、失敗がないのは望ましいことですが、失敗に対して処分
を下す減点主義のもとでは、成否がわからない新たな試みをしようとす
る者はいなくなってしまいます。それでは、ビジネスモデル転換などお
ぼつかないでしょう。

15　金融庁「オペレーショナル・レジリエンス確保に向けた基本的な考え方」（令和5年
　4月27日）。
16　日本航空機長組合 Japan Airlines Captain AssociationのHPにおいて、考え方が整理
　されている。https://www.jalcrew.jp/jca/safety/just_culture.html

こうした観点からは、失敗を許容し、そこから学ぶカルチャーが望ましいと認識し、減点主義から脱却する必要はないでしょうか。もちろん、どんな失敗でも認めていいわけではありません。「悪質」「怠慢」「意図的」な失敗は許されないでしょう。しかしながら、これらの概念を客観的に定義することはきわめてむずかしいのです。このため、何が許されない失敗なのかについて、「専門家や外部有識者による機関などが、権威と専門性を持って線引きし、当事者、被害者、社会がその決定を受け入れる仕組みを作るべきである」と提言する識者もいます[17]。

　こうした考え方に従えば、金融機関においては、金融ではなく、他のリテールビジネスやインフラ産業などの出身者を社外取締役に迎えて、従来とは違った観点を取り入れることが望ましいのではないでしょうか。こうした社外取締役の活用はリテールビジネス構築のみならず、一般的なコーポレートガバナンスでも重要視されています。

17　シドニー・デッカー（芳賀繁監訳）『ヒューマンエラーは裁けるか〜安全で公正な文化を築くには〜』（東京大学出版会、2009年）。

第 **5** 章

金融機関による「見える化」の活用

　顧客本位原則の「見える化」は、金融機関に対して、顧客本位に向けた自らの取組み（取組方針）やその結果（取組状況）を顧客向けに示すことです。金融庁が、見える化を通じて顧客による選択のメカニズムの実現に期待していることは第2章で整理しました。さらに金融庁は、「見える化」を通じてPDCAサイクルを機能させ、経営陣から営業職員までが顧客に向き合う姿勢を内部的に検証することも期待しています[1]。

　しかしながら、金融機関は、「見える化」の意義を、十分に理解しているでしょうか。たとえば「見える化」では、取組方針等において、「実践していくためにはどのような行動をとるべきか」を示すとともに他の金融機関の取組方針との差異を示すことが重要ですが、横並びの形式的・画一的な表現の取組方針が多いのが実情です。また、取組状況の整理も十分に行われていない例が見受けられます。平たくいえば、自ら購入・利用するか、家族に勧めるかといった観点から、自らの創意工夫を「見せる化」ができていないように筆者は考えます。

　本章では、第4章の整理もふまえつつ、取組方針の見直し等が単なる机上の作文に陥らないために、(1)金融機関にとっての「見える化」の意義をふまえて、(2)取組方針等の策定や(3)取組状況の整理において、どんなことに留意すべきかを考えていきたいと思います。

1　佐藤寿昭「金融事業者リスト公表と顧客本位の業務運営「見える化」の目的」（週刊金融財政事情2021年10月5日号（以下「キンザイ2021②」）。

コラム
16　　営業現場に対する研修の見直しの必要性

　取組方針の充実のためには現場の意見の吸い上げ（ボトムアップ）が重要と指摘しました。同時に、現場に対して顧客本位実現のために行う研修の内容等も変わってくると筆者は考えます。具体的には知識付与型から、経験共有型への転換です。

　この点、市場WG報告書Ⅱでは、「顧客本位の業務運営に向けた経営理念を営業の現場に十分に浸透させられておらず、また、この経営理念を現場で実践するにあたり、多くの対応を個々の従業員の力量に委ねている金融事業者が散見される」と現状を整理したうえで、「従業員による顧客への商品提案や提案理由の説明、販売後のフォローアップなど、その業務の質の担保・向上を図る観点から、これを支援・検証するための体制を整備することが期待される」ことから、原則7に（注）[2]を追記しました（下線部は筆者）。

　こうした経緯から、現場の職員に対しては金融商品やコンプライアンスに係る知識付与以上に、経験（現場の知恵）の共有や業界全体の方向性・その背景の周知などが重要ということにならないでしょうか。知識付与であれば、旧来型の座学や最近一般化しているオンラインによる一方向の研修で十分でしょう。しかしながら、現場の知恵は状況に応じての判断ですので、知識だけではどうにもなりません。現場の知恵を伝えるためには、集合型研修で自らの経験をもとに意見を出し合うようなかたちが有効と考えられます。こうした研修のあり方の変化もカルチャー改革の一環ととらえられます。

　また、取組方針を研修の材料とすることも有効でしょう。たとえば、具体的状況を提示し、取組方針をふまえると、どのような行動が望ましいかを議論させてみてはどうでしょうか。取組方針をある程度まで具体

2　第2章(3)参照。

化できたとしても、現場での対応は一義的に明らかにはなりません。こ
のため、取組方針に沿った対応を考えてもらうグループ討議を活用すれ
ば、取組方針の定着に役立つのではないでしょうか。こうしたグループ
討議の内容は、次の取組方針の見直しに際しても役に立つものと考えら
れます。

　さらに、業界全体の動向などを説明すれば、自らの金融機関の創意工
夫も意識できるでしょう。営業職員のなかには、長年、（顧客本位か否か
はさておき）他よりも多くの販売実績をあげてきた方がいるはずです。
そうした方々に対して「なぜ、従来と異なる方法が求められるか」を示
すことは、知識以上に重要と考えられます。

(1)　「見える化」の意義

(i)　見える化とPDCA

　顧客本位原則の「見える化」のなかで、取組方針は、金融機関が顧客本位
に行動することを確約するものであり、取組状況はその確約の到達状況を示
すものです。これはPDCAサイクルに当てはめると、PlanとCheckになりま
す。そして、Plan（取組方針）やCheck（取組状況）の間にある実践（Do）と
しての提案・販売がより大切です。しかし、実際には、取組方針（Plan）に
即さず顧客本位的ではない提案・販売も見受けられます。

　顧客本位的ではない提案・販売の背景には、2つの可能性が推測されま
す。1つは、顧客に訴求すべき「最善の利益」や（それを実現するための）
個性的で差別化された戦略が明確化されていない可能性です。これらが明確
になっていれば、取組方針は、原則ごとにどのような取組みを行うかを落と
し込む作業にすぎません。また、明確な戦略等が金融機関内に共有されてい
れば、本部職員による文章化、つまり「見える化」も現場職員による実践も
容易でしょう。取組方針と実践の間の乖離を防ぐには、戦略等の明確化が必

要です。

　もう1つの可能性は、戦略の明確化に際して、現場を交えた検討が行われていないことです。仮に、経営陣が現場の職員も巻き込んでビジネスモデル転換を行っていれば、金融機関の職員が読んで自金融機関の商品・サービスを使いたくなるような、具体性をもった取組方針の策定は容易でしょう。一方、経営陣のコミットがなく、現場の実践状況や生の声も反映していない、単なる本部職員の作文では、営業現場の職員の理解は深まりにくく実践もおぼつかないでしょう。それでは「見える化」は単なる作文にすぎません。

　逆に、「見える化」を活用して、顧客本位の観点から経営層から現場に至るまで各階層で業務のあり方を再検証する切っ掛けにすることもありえます。そうした充実した取組方針を、（本来の目的である）顧客に対するPR手段とするのみならず、①内部的にはビジネスモデル構築・見直しのため、②金融庁に対しては自らの方針を主張するために、主体的に活用することが望ましいと筆者は思います。

(ii)　内部的な意味：トップダウンとボトムアップによる振り返り

　顧客本位の実現においては理念をふまえたビジネスモデル構築・検証が不可欠であり、その際にトップダウンとボトムアップの双方のアプローチが必要という筆者の考えもお示ししました。毎年の「見える化」の作業は、この2つのアプローチを通じた振り返りのよい契機にもなると考えています。

　トップダウンとボトムアップの双方向からの検証をしっかりと行えば、経営陣が考えていること（中期経営計画等）、営業本部がいっていること（取組方針）、実際に営業現場で行われ顧客に届けられていること（取組状況）が一致するでしょう。これらを一致させるために、毎年、取組状況を整理し、取組方針の修正の要否を検討することが期待されます。

　逆に不一致は、ビジネスモデル転換を伴わない対症療法的な営業施策を導入している場合や顧客に近い営業現場の意見を十分にくみ上げていない場合に発生しがちです。このほか、取組方針を策定・公表しているものの、実際には、経営陣が経営企画部門や営業部門などに丸投げし、自らの関与が薄い

場合にも発生するでしょう。

(ⅲ) 金融庁との対話での活用

　金融庁の最近の監督・検査の方針のもとでは、金融機関の裁量が増え、顧客基盤に応じて柔軟な戦略を描くことが可能です。取組方針において、「顧客の最善の利益」実現に向けた個性的な差別化された取組みが明確になっていれば、金融庁との対話やモニタリングにおいてそれを活用することが考えられます。

　金融庁は、本来、経営判断に係る事項に関しては、顧客に不利益な事象等を発生させない限り介入を控えるものです。ただし、経営判断に基づく対応が顧客に最善の利益をもたらしているか否かについては大きな関心を寄せています。また、「定着に向けた取組み」では、次のとおり当局がモニタリングをすることも明らかにしています[3]。

2．当局によるモニタリング

・金融事業者における業務運営の実態を把握し、ベスト・プラクティスを収集

・収集されたベスト・プラクティスや各事業者が内部管理上用いている評価指標などを基に、金融事業者との対話を実施。「原則」を踏まえた取組みを働きかけ

・各金融事業者の取組方針と、取組みの実態が乖離していることは無いか等について、当局がモニタリングを実施

・モニタリングを通じて把握した事例等については、様々な形での公表を検討

　顧客の最善の利益の実現が明確になるには相応の時間がかかるでしょう。

3　【池田】22頁は、「新しいやり方（筆者注：市場メカニズム）を目指しつつ、同時に実効性も確保しなければならない立場」について「悩んだ結果」、取り入れたものと説明している。

図表Ⅱ-6　見える化の現状[4]

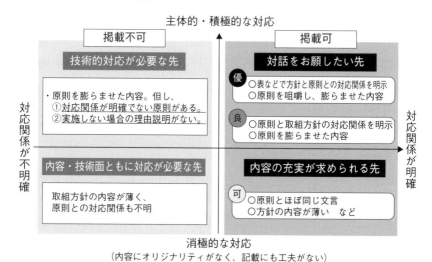

主体的・積極的な対応

掲載不可　　　　　　　　　　　掲載可

技術的対応が必要な先　　　　対話をお願したい先

・原則を膨らませた内容。但し、
①対応関係が明確でない原則がある。
②実施しない場合の理由説明がない。

優　○表などで方針と原則との対応関係を明示
　　○原則を咀嚼し、膨らませた内容

良　○原則と取組方針の対応関係を明示
　　○原則を膨らませた内容

内容・技術面ともに対応が必要な先　　内容の充実が求められる先

取組方針の内容が薄く、
原則との対応関係も不明

可　○原則とほぼ同じ文言
　　○方針の内容が薄い　など

対応関係が不明確

対応関係が明確

消極的な対応
（内容にオリジナリティがなく、記載にも工夫がない）

（出典）　金融庁資料

このため、明確な結果が出ないうちは、金融機関の対応の是非を判断するために取組方針を活用することが考えられます。逆に、顧客本位的でない（とも思われる）結果が計数として現れたとしても、取組方針に基づき予想された範囲内であれば、ある程度は許容すべきと筆者は考えます。

　金融庁からみると、ビジネスモデルに基づき他行との差異が明確な取組方針は、金融機関との対話の出発点となるでしょう。一人ひとりの行政官も「取組方針」を意識する必要があると筆者は考えています。この点は、コラム17「金融行政にとっての「取組方針」」で整理しています。

　逆に、抽象的な取組方針では、事業者の前向きの取組みが明らかとならず、対話の材料にはなりえません。この場合、金融庁としても、金融機関の顧客本位に取り組む意思すら疑わざるをえなくなってしまうでしょう。金融庁は、図表Ⅱ-6のような整理を示して、「見える化」が進んでいないことも指摘しています。リストに掲載された金融機関が、右上の象限のなかで競

4　キンザイ2021②参照。なお、報告に際しての注意事項などはQ&Aとして示しているが、このQ&Aを理解していないものが左側の象限2つに該当している。

い合うようになったときこそ、顧客本位Version 2 に入ったと筆者は考えています。

コラム
17

金融行政にとっての「取組方針」

　充実した取組方針があれば、金融機関が金融庁との対話等に活用できることを示しました。本コラムでは、逆に金融庁にとっても取組方針が、金融検査マニュアルにかわる有効な出発点となりうることを整理したいと思います。

　金融庁の検査では、検査官向け手引書である「金融検査マニュアル」が、長らく用いられてきました。このマニュアルは、不良債権問題やコンプライアンス問題の多発という課題を前にして、厳格で画一的な検査を行うための手段として有効でした。一方で、マニュアルに基づく検査は、形式的・部分的な対応にもつながりました。マクロ経済環境が変わり、金融機関ごとに異なる課題を抱えるようになったこと等を背景に、マニュアルを廃止し、各金融機関の経営戦略・経営方針や個性・特性にあわせた監督・検査へ変化することが期待されました。金融庁「金融検査・監督の考え方と進め方（検査・監督基本方針）」（平成30年 6 月29日）は「ベスト・プラクティスの追求のための「見える化と探究型対話」を工夫していく」とし、次のとおり整理しています。

---

(3)　多様な創意工夫に向けた「探究型対話」

　当局の対応が金融機関による変革の制約となる「当局の失敗」を解決するために、最低基準検証や動的な監督の進め方を「実質・未来・全体」の視点から見直し、金融機関による形式的・画一的な対応の原因とならないようにしていく。さらに、長年にわたって形成された横並び意識や内向きの意識を解きほぐしていくため、金融機関との間で、特定の答を前提としない、多様な創意工夫を志向した

「探究型対話」を行っていく。(途中略)

　なお、言うまでもなく、ベスト・プラクティスの追求に向けた取組みには、単一の答があるわけでも、ここまでで十分という水準があるわけでもなく、それぞれの金融機関が自らの置かれた環境と特性に応じ多様な創意工夫を行うことが重要である。従って、当局と金融機関の対話が当局の正しいと考える特定のベスト・プラクティスを金融機関に押し付ける形となり、金融機関の自己責任原則に則った経営が歪むようなことがあってはならないことはいうまでもない。当局と金融機関の間には権限関係が存在するため、この点について特に注意していく。

　しかしながら、検査マニュアル廃止後、金融庁と金融機関との間で「対話」のための土台がなくなったように筆者は感じます。土台がないと、場合によっては、個々の行政官が適切と思う営業手法等の採否といった各論に終始する危惧もあります。この点は、検査マニュアル廃止において、「検査官の目線の統一や人材育成を要望する声が多数聞かれた」[5]として危惧もされていたようです。また、金融庁自身、「プリンシプルについて職員一人一人に浸透を図り、プリンシプルに即した実効的な行政対応に努めてまいりたい」(「プリンシプルについて」参照)と宣言しています[6]。

　こうした危惧への対応として、「取組方針」等を活用できると筆者は考えます。ビジネスモデルをもとにした充実した取組方針は、金融庁が金融機関を理解する際に有益でしょう[7]。そのうえで、実践の程度や結果が顧客に最善の利益をもたらしているか否かを検証します。それが各

5　金融庁「対話会等で得られた今後の検査・監督の見直しに関する意見(資産分類・償却・引当に関するものを除く)」平成30年3月27日。

6　【池田】21頁は、「当局も実力を高めていく必要」があり、「今なお道半ばであることは認めざるを得ない」としている。

7　市場WG11回でも遠藤監督局長(当時)が、金融機関の方針や体制をよく聞くことの重要性を指摘している。

金融機関の個性・特性にあわせた監督・検査ということではないでしょうか。

(2)　取組方針の策定における留意点

(i)　基本的な考え方

　取組方針等は金融機関が自らの顧客向けに示すものであり、何を、どう書くかは本来自由です。ただし、2点留意が必要です。1つ目は、「横並び」の対応は適切ではないということです[8]。顧客基盤や人財を含む内部資源は金融機関によって異なるでしょう。すべての金融機関に同じことができるはずがありません。このことは、取組方針について業界団体が指針等を策定したらどうかという意見に対して、金融庁が「必ずしもその趣旨には合わない」と回答していることからも明らかです（考え方Ⅰ項目41、市場WG12回参照）。

　2つ目は「見える化」の強化のため、金融庁が、金融機関に対して、原則の各項目と取組方針・取組状況との対応関係を明確にすることを求めている点です。ただし、「当該原則の順番通りに策定することが求められているのではなく、顧客が各事業者の行動・取組みをより分かりやすく把握できるよう、例えば、当該原則や（注）について適宜統合すること等」は認められます（考え方Ⅰ項目48、金融庁「取組方針等の記載や「金融事業者リスト」への掲載等に関するQ&A」（令和3年4月12日）参照）。

　「顧客の最善の利益」確保の法定義務化もふまえると（コラム13「「顧客の最善の利益」確保の義務化の意義」参照）、この取組方針等で自らの業務運営を対外的に明らかにすることはいっそう重要となるでしょう。こうした点をふまえて、取組方針策定の留意点を整理しておきましょう。

8　【池田】22頁。

「見える化」で考えるべきこと

　見える化では、「誰に」「何を」「どうやって」伝えるかを考えることが大切です。

　最初に意識すべきことは、「誰に」みせるかです。第一義的なみせる対象は顧客であって、金融庁でないことは、すでに申し上げているとおりです（考え方Ｉ項目46）。金融庁は事業者リスト作成に際して掲載のための形式要件の確認を行っているだけで、顧客本位か否かの判断主体は顧客です。

　「何を」みせるかは、「誰に」みせるかをふまえると、ある程度は明らかです。NISA拡充など、さまざまな制度改正があるなか、自らが提供できる商品・サービスの範囲を示す必要はあるでしょう。こうした情報により、顧客は、自らのニーズに応じた金融機関の選択に至らずとも、すでに取引のある金融機関をより有効に活用することができるでしょう。さらに、その提供方法が他の金融機関とどう異なるか、差別化した点を示すことが重要です。なお、個々の原則のうち実施することが適切でないと考えるものがあれば、「実施しない理由」や代替策を明らかにする必要があります（第３章⑶参照）。

　最後に、「どうやって」は、原則中に示された「本原則の採用するアプローチ」などに沿って、①「自ら咀嚼」して、②顧客と従業員に向けて「わかりやすい表現」で示す必要があります。さらに筆者としては、③（特に取組方針については）具体性も必要と考えています。

　まず、①「自ら咀嚼」とは、自ら考えることを意味しているのでしょう。そもそも、取組方針のもととなるビジネスモデルは顧客に応じて自ら考えるべきことだからです。このため、原則中に示された「本原則の採用するアプローチ」には「各々の置かれた状況に応じて……実質において顧客本位の業務運営を実現」する観点から「その趣旨・精神を自ら咀嚼して」といった文言が盛り込まれていると筆者は理解しています。

　「本原則の採用するアプローチ」は、②「わかりやすい表現」も求めています。何が「わかりやすい表現」かは人によってさまざまだと思いますが、議論の過程では、弁護士ではなく広告代理店などに相談することの重要性も指摘されています（市場WG11回参照）。法令に基づく文書ではないため、過

度に正確性にこだわる必要はないという趣旨です。むしろ、「本原則の採用するアプローチ」に「それを実践していくためにはどのような行動をとるべきか」と書かれていることからも、従業員の実践につながり、かつ顧客が理解できるような表現である必要があります。

　最後に、（原則では明示されていませんが）筆者は、③具体性も必要と考えています。これは、「実践していくためにはどのような行動をとるべきか」を筆者なりに解釈したものです。実際には、「どのような行動をとるべきか」をすべて記述できるわけでもありません。ただ、ある程度、具体化しないと従業員が混乱してしまうでしょう。抽象的な美辞麗句だけでは、従業員のみならず、顧客にもまったくその内容が伝わりませんので、プリンシプル・ベースでの自己規律の実効性・効率性が高まらないことが危惧されます。逆に、具体性があれば、従業員の行動の目安にもなり、「営業現場と顧客との間の共通理解の醸成」に活用できるでしょう。

(ii)　書くべきこと・書けないこと

　上記3点をふまえて、何を書くべきか、あるいは書くべきでないかについては悩ましい面があります。金融機関においては、特に原則3「利益相反の適切な管理」や、原則7「従業員に対する適切な動機づけの枠組み等」に関して、「営業戦略上、具体的な取組みを対外的に明らかにすることはむずかしい」、あるいは、「（内容が専門的であるため）顧客にとって参考になる情報とは思えない」といった声もあるようです。

　取組方針等に記載する内容は金融機関自身が判断すべきことであって、金融庁も営業戦略上対外的に公表できないと判断する事項について記載することは求めてはいません[9]。ただ、利益相反がどのように管理されているか、あるいは、営業員のインセンティブがどう設計されているかといった点は、「顧客にとって参考になる情報ではない」とは限らない、とも指摘しています[10]。たしかに、これらの取組みについて、平易な言葉を用いてわかりやす

9　キンザイ2021①。

図表Ⅱ－7　報告までのフローチャート

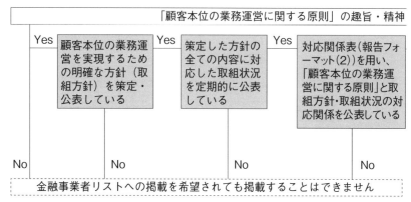

「顧客本位の業務運営に関する原則」の趣旨・精神

| Yes | 顧客本位の業務運営を実現するための明確な方針（取組方針）を策定・公表している | Yes | 策定した方針の全ての内容に対応した取組状況を定期的に公表している | Yes | 対応関係表（報告フォーマット(2)）を用い、「顧客本位の業務運営に関する原則」と取組方針・取組状況の対応関係を公表している |

No　　　　　　No　　　　　　　No　　　　　　　　No

金融事業者リストへの掲載を希望されても掲載することはできません

（出典）　金融庁資料

く説明することができれば、顧客は安心して営業員と話ができるようになるかもしれません。ただ、実際に何を書くべきかについては金融機関自身が判断するしかないでしょう。

(ⅲ)　取組方針策定に向けた技術的なポイント

　現実の各社の取組方針には、原則の原文をなぞったかのようなもの、他と横並びの特徴のないものが引き続き多くみられます。これは実際の取組みに差異がないことの反映でしょう。一方で、取組みに実質的な差異があるなら、差別化のための表現上の工夫も必要となります。その場合、金融庁「顧客本位の業務運営の取組方針等に係る金融庁における好事例分析に当たってのポイント」（令和3年4月12日。以下「ポイント」）が参考となります。

　この資料は、これまでの取組方針等に基づく事業者との対話等をふまえて、金融庁が好事例の比較分析を行う際に分析のポイントとする事項をまとめています。なかでも重要な指摘は、各原則について、「取組み等の成果や

10　米国で、Regulation Best Interestとあわせて導入されたForm CRS（顧客向けに事業者に関する情報をまとめた資料）は、利益相反や報酬体系の記載を求めている。こうしたこともふまえて、該当する原則の項目が設けられていることには留意する必要がある。

を自ら咀嚼した上で、組織として採択している

Yes　金融庁と取組方針・　Yes　　金融庁宛に報告様式を提出
　　　取組状況の内容につ
　　　いて、対話する準備　　　　報告様式提出にあたっては、「報告にあたって
　　　も整っている　　　　　　のチェックリスト」を必ず確認した上で、提出
　　　　　　　　　　　　　　　してください。

　　　　　　　　　　　　　金融庁からの対話(注)の求めがあった場合に、的確に回
　　　　　　　　　　　　　答できるよう準備した上で、報告様式を提出してください
　　　　　　　　　　　No　（注）　金融庁による「対話」とは、取組方針等の公表におけるベス
　　　　　　　　　　　　　　　　トプラクティスを追求する観点から、公表されている取組方針等
　　　　　　　　　　　　　　　　の内容について、金融事業者から説明を受けるとともに、意見
　　　　　　　　　　　　　　　　交換を行うものです。

進捗について、検証し、評価する仕組みが示されているか」です。金融機関
は、「実施する」とした取組みを実際にどのように遂行したのか、定量的・
定性的に検証・評価し、その内容について取組状況において明らかにすると
ともに、翌年以降の取組みに生かす必要があります。このプロセスを明示す
ることは、PDCAサイクルの実践に向けた金融機関の本気度を伝える観点か
ら有益でしょう。

　なお、本気度を伝える観点から、「努力する」や「努めます」という表現
は極力避けるべきです。取組方針は努力目標ではなく、金融機関による自己
規律であり約束です。「やる」「やらない」をはっきりさせなければ、取組方
針を策定する意味がありません。また、金融機関の本気度を理解してもらう
ために、顧客に対する金融リテラシー向上に向けた対応も必要です。この点
についてはコラム18で触れたいと思います。

　金融機関は、上記のような実質的な見える化のポイントをふまえたうえ
で、事業者リスト掲載要件充足のための作業をすべきでしょう。具体的に
は、①取組方針等をHP上で示し、②取組方針等と原則2〜7の対応関係を
報告様式で整理し、③当該様式を自社HPに掲載することが求められます。
その前提となる作業を含めて、金融庁が示すフローチャート（図表Ⅱ-7参
照）が参考となるでしょう。仮に、既存顧客だけを意識して事業者リスト掲

載をあえて求めない場合でも、①取組方針等のHP掲載までは望まれます。金融機関が取り扱うことのできる商品・サービスは制度改正とともに拡大しており、何に対応できるかを示すことは既存顧客にも重要であるためです。

コラム 18　**金融教育の重要性**

　筆者が今後、行動様式等を変えるべきと考える主体は、金融機関の経営者や従業員だけではありません。顧客も含まれます。「賢い」顧客になってもらう必要があるでしょう。本コラムでは、この点を整理したいと思います。

　顧客の金融リテラシーの向上が選択のメカニズム実現に不可欠なことは、市場WG報告書Ⅱでも次のように指摘されています（10頁）。

イ）　顧客の主体的な行動のための環境整備

　金融事業者が顧客から選択されるメカニズムを機能させるためには、「見える化」した金融事業者の取組を顧客が適切に理解・評価することが重要である。このような顧客の主体的な行動を促す観点から、利用者側の金融リテラシーの向上に向けた行政及び関係団体・事業者の更なる取組が期待される。金融庁においては、これまで学校現場における出張授業や各種イベントの開催などによって、幅広い世代の金融リテラシーの向上に努めてきた。今後は新型コロナウイルスの影響を踏まえ、ICTを活用したウェブ授業やデジタルコンテンツの提供、オンラインイベントの開催などによって、引き続き金融リテラシーの向上に注力していくことが期待される。特に、金融サービスを利用する個人にとって、より実践的なコンテンツとしていくという視点も必要である。

　顧客の金融リテラシー向上のために、金融機関はすでに各種のセミ

ナーや書籍などを提供していますが、顕在化した、または潜在的な顧客層をふまえたさらなる創意工夫が必要でしょう。なぜなら、顧客の属性やニーズはさまざまであり、画一的・標準的な内容は効果的ではないと考えられるからです。

1つの方向性は、キャッシュフローや家族構成などが似通った顧客ごとの対応でしょう。たとえば、取引先企業における職域でのセミナー開催などが有効かもしれません。給与水準や退職金の水準などはおおむね把握できますから、現実味ある生涯設計の試算が示せるためです。実際に、職域セミナーを行っている金融機関は多いようですし、セミナー後に積立投信口座の開設に結びつくケースもあるようです。

一方で、多種多様な顧客向けに対応せざるをえないのであれば、「取組方針」を活用して、自らの商品・サービスの内容と、その背後にある「顧客の最善の利益」を示すことも考えられます。多くの金融機関では、顧客自らが保有する資産や金融商品購入後の資産状況を一覧できるツールなどを導入しています。しかしながら、実際には、そうしたツールを顧客に使ってもらえないケースもあると思われます。顧客がそうしたツールの存在に気づいていない可能性もあるでしょう。金融機関が提供している商品・サービスについて、顧客と従業員が共通の認識をもつという観点からも取組方針の活用が考えられるのではないでしょうか。

(3) 取組状況の作成における留意点

「見える化」活用には、取組方針に基づく活動の成果を検証し、その結果を取組状況の策定・公表により提示することも必要です。取組状況の整理は、PDCA（Plan、Do、Check、Action）におけるCのプロセスとなります。取組方針の策定だけで取組状況を公表しないのは、原則1の未実施となることに留意が必要です。この取組状況の整理では、定性・定量の両面での創意工夫が必要であり、定量面ではKPI活用が有益でしょう（コラム19「KPIの意

義」参照)。

（i）　取組状況とKPIの重要性

共通KPIの活用

定量的な検証の観点からは、客観的に指標化されたKPI（Key Performance Indicator）の活用が重要です。KPIは行政の分野以外でも用いられています。その目的は、現状を把握し、今後の対応策を検証することにあります。

金融庁も、原則の策定直後から、「各金融事業者においては、顧客本位の業務運営の定着度合いを客観的に評価できるようにするための成果指標（KPI）を、取組方針やその実施状況の中に盛り込んで公表するよう働きかけ」を行い（「定着に向けた取組み」）、投資信託や外貨建て保険に係る共通KPIの活用を奨励しています[11]。

この共通KPI　は、「第三者が比較できるように、統一的な情報を金融事業者に公表させることが望ましい」という要望をふまえたものです。この経緯からすると第三者の利用のための指標ですが、筆者は、金融機関も利用すべきだと考えます。他の金融機関と対比して数値の良し悪しだけをみるのではなく、そうした相対的な位置が何に起因するものかを分析し、必要に応じて行動を修正するのに役立ちます。

自主的KPI

共通KPIにとどまらず、自らの取組みの成果を自ら設定したKPI（自主的KPI）や他の定量的な指標で測定し、「その目指す販売等の方向」を示すことは妨げられていません。むしろ、PDCA実践の観点からは、自らが目指す取組みの到達点を示す自主的KPIこそ重要ともいえるでしょう。

11　金融庁「投資信託の販売会社における比較可能な共通KPIについて」（平成30年6月29日）。同「外貨建保険の販売会社における比較可能な共通KPIについて」（令和4年1月18日）。

⒤ 第2線・第3線における顧客本位やコンダクトリスク目線での検証の重要性

　共通・自主的KPIを通じた検証は、第1線における顧客本位の達成度合いを判断するために重要です。一方で、顧客本位ではない行動の制御、いわばコンダクトリスク管理の観点からは第2線・第3線における検証も大切でしょう。

　コンダクトリスク管理では、まずリスクの特定が必要です。リスク特定の手法は一般に、①金融機関で発生した法令等違反行為その他の問題事象からリスクを洗い出す手法、②外部で発生した問題事象からリスクを洗い出す手法、③社会経済環境の変化や自らのビジネス動向から今後生じうるリスクを想定する手法、などが考えられます。そうした手法で重要なのは、自社のビジネスモデル・経営戦略等を見渡したうえで、想像力をめぐらせて感度よくリスクを前広に察知すること（フォワードルッキング）です。これは個社の具体的状況に応じて考える必要があり一般化はむずかしいので、本書では省略したいと思います。

　他方、現在生じつつあるリスクの把握については、もう少し具体的なアプローチを示すことができます。たとえば、急激に全体の販売額が伸びているとか、特定の商品の販売額の割合が大幅に増えていることは、望ましくない事態の発生を示している可能性があります。もちろん、市況によって顧客のニーズに多少の変化はありえます。しかしながら、特に資産形成層は長期・積立・分散が奨励されているわけですから、特定の商品の販売額が大きく変化しているとすると、顧客ニーズ以外のなんらかの事情が影響している可能性があります。そうした問題意識に立って、内部ルールに基づく販売が行われているかにとどまらず、内部ルールそのものや営業現場でのツールに偏重をもたらす要因がないかを検証する必要があると考えられます。

　また、苦情の横断的な分析も有効と考えられます。もちろん、苦情も市況に応じて一定程度は不可避でしょう。しかしながら、特定商品や特定地域・店舗で類似の苦情が発生しているとするとなんらかの原因があるはずです。

ルール遵守の観点から不適切な販売行為の有無の検証や発生した苦情に対する丁寧な対応は大切です。ただし、これでは旧来型のコンプライアンス対応にとどまっています。むしろ、複数の苦情に共通する発生原因（真因）の分析が必要でしょう。そうした真因分析をふまえて、将来に向けて苦情等の発生を抑止するための検討が顧客本位の実現には求められます。

こうした検証からは、顧客本位の実現のために行わない行為を取組方針に盛り込むことも検討に値します。実際、仕組債を取り扱わないことや外貨建て一時払い保険を運用目的では提案しないことを明示する金融機関もあります。行うことのみならず、行わないことを取組方針として宣言することも検討してみてはどうでしょうか。

(iii) 取締役会・経営陣によるコンダクトリスク管理への関与

コンダクトリスクと経営陣

コンダクトリスク管理に関しては、取締役会・経営陣が積極的・主体的に関与する必要があります。なぜなら、取締役会・経営陣のほうが下位の組織階層より、フォワードルッキングな観点から問題を認識しやすいと考えられるためです。コンダクトリスクは「ビジネスと不可分一体で、往々にしてビジネスモデル・経営戦略自体に内在する場合が多く、その管理は、まさに経営の根幹をなすものである」（「コンプラ方針」3頁）ことは金融庁も指摘しています。部分的・形式的な観点にとどまりがちな第2線・第3線部門よりも、取締役会・経営陣が積極的・能動的に管理する必要性が特に高いということです。

このことは、顧客本位のビジネスモデル転換や取組方針の策定において、経営陣の積極的・主体的な関与が求められることと裏腹です。経営陣は、その役割・責務の一環として、①経営理念を策定し、②その経営理念を実現するための行動準則として取組方針を示したうえで、③第1線において遵守されているかを検証する必要があります。検証に際しては、コンプライアンスなどの内部統制にとどまらず、フォワードルッキングなリスク管理態勢の整備が必要となります。

コンダクトリスク管理態勢とビジネスモデル

　こうした態勢整備は、ビジネスモデル転換に不可避なリスクテイクの裏付けとなるものです。経営陣は、ビジネスモデル転換のリスクをとる以上、そのリスクを把握するための適切な態勢を構築し、その運用が有効に行われているかを適切に監督することが求められます。そのためには第2線・第3線のリソースを充実させ、第2線・第3線のスタッフが必要かつ十分な情報提供を受けられるようにする必要もあるでしょう。

　経営陣は取組方針の達成度合いを検証し、取組状況として整理して示す必要があります。取組状況の公表において、達成度合いが高く、顧客の最善の利益の実現にも資する取組内容は、現状のまま積極的に示せばよいでしょう。一方で、達成度合いが低い取組内容については、その原因をふまえて必要に応じて追加策を取組方針として示しつつ、控えめに示すことでいいと筆者は考えます。こうしたメリハリある成果の提示も差別化の1つの内容となるためです。

コラム
19

KPIの意義

　本文で触れたとおり、KPIは見える化やCheckの観点から有益です。このコラムでは、共通KPIの位置づけとともに、どういった指標を自主的KPIとして取り上げるべきかを考えたいと思います。

　金融機関の顧客本位の方向性に応じて、さまざまなKPIが考えうるでしょう。ただし、【佐藤】は実効性確保の観点から、「順守状況が、ある程度客観的に判定できる」必要があると以下のように整理しています（93頁「規範意識の共有とレビュテーション」、下線部は筆者）。

> 　プリンシプルが実効性を持つか否かはまず、そこに盛り込まれた規範や原則が関係者の間で真摯に共有されているか否かによる。<u>その上で、適用対象となっている当事者における規範や原則の遵守状</u>

況が、ある程度客観的に判定できることも重要である。その判定結果によって、自らの行動やステークホルダーの行動が影響を受け、自らの利益ないし不利益につながるという因果関係の存在も大きな要素であろう。基本の遵守状況の優劣がマス・メディアの報道等を通じて、広く世の中に知れわたり、レピュテーション（評判）が形成されるという流れも、それを後押しする。

　共通KPIでは客観性・中立性が重要と筆者は考えています。実際、投資信託の共通KPIとしては、「顧客が投資信託を購入する目的は、基本的にはリターンを得るためであると考えられることから、長期的にリスクや手数料等に見合ったリターンがどの程度生じているか」[12]を示す観点から、「販売会社が保有するデータから算出可能で、ビジネスモデルに依らず金融事業者間で比較が可能且つ端的な指標」が重視されています。しかしながら、この共通KPIは市況の影響を強く受け、（相対的な位置づけから推測は可能だとしても）金融機関の行動成果が直接的に表れにくいという欠点もあります。

　一方で、自主的KPIについては、客観的に判定できること以上に、「自らの行動……が影響を受け、自らの利益ないし不利益につながる」ことを重視すべきと考えています。したがって、市況に影響を受けない指標であることが重要です。たとえば、投資信託における長期・積立・分散投資を進める観点から、販売に占める積立投資信託の割合やつみたてNISA残高などを自主的KPIとすることが考えられます。自らが到達したい目標との関係で、経年的に数値が上昇する傾向がある指標のほうが自主的KPIとして適当な場合が多いように感じます。

12　金融庁「投資信託の販売会社における比較可能な共通 KPI について」（平成30年6月29日）。

顧客本位原則の究極的な目的は、将来に備えた国民の資産形成

前金融庁長官　**中島　淳一**

◆源流は旧大蔵省「新しい金融の流れに関する懇談会」

信森：中島さんは長年にわたり、顧客本位原則に携わってきたと理解しています。一方、金融庁は長らく「貯蓄から投資へ」に関して課題認識を示しています。こうした課題に対する中島さんの関与から教えてください。

中島：私が、顧客本位の議論にはじめてかかわったのは、旧大蔵省金融企画局企画課の課長補佐として、金融審議会「ホールセール・リーテイルに関するワーキンググループ報告」（1999年12月）の事務局をしていたときです。この報告書では「販売業者による適切な勧誘を確保していくためには、行政の監督だけではなく、業者自身の自主的な対応がきわめて重要」と指摘しています。このときの議論は、間接金融が中心となっているわが国の金融の流れを変えようという「新しい金融の流れに関する懇談会」の「論点整理」（1998年6月）を受けたものでした。

信森：「貯蓄から投資へ」に関しては、①横断的対応と、②間接金融中心から直接金融も活用した複線的な「資金の流れ」への変化という2つの大きな流れがあるわけですね。

中島：そうですね。上記報告書の議論が「金融商品販売法」（2001年施行。現「金融サービス提供法」）の制定による業横断的な勧誘ルール等の整備につながり、さらなる業横断的な枠組みの必要性について金融審議会答申「21世紀を支える金融の新しい枠組みについて」（2000年6月）に受け継がれました。一方、複線的な金融システムへの変化はいまだ十分ではありません。こうした状況で、「資金の流れ」を変えることには必ずしも直結しな

　い「仕組債」が大量にリーテイルで販売されたことは、長年の問題意識に
　照らすと残念に思います。

信森：この２つの流れが、どのようにして原則策定につながるのでしょう
　　　か。

中島：２つの流れのなかで、当時の森信親長官は、投資信託の販売手法に対
　　　して課題認識を示しました。具体的な問題意識については、「日本の資産
　　　運用業界への期待」（2017年４月７日）と題した講演がわかりやすいと思い
　　　ます。これをFiduciary Duty（以下「FD」）の観点から是正するために、
　　　金融審議会市場ワーキンググループ（以下「市場WG」）（2016年５月～）で
　　　原則策定の議論が行われ、私は総務企画局の審議官として担当しました。

信森：当時は、国際的にもFD規制化などの動きがあったと理解していま
　　　す。こうした動きと関係があったのでしょうか。

中島：欧米各国での規制化の動きもフォローしながら、原則策定に際しては
　　　OECD原則「金融消費者保護に対するハイレベル原則」を参考にしまし
　　　た。この原則の骨格は、①利益相反、②説明義務、③適合性原則でした
　　　が、説明義務のうち④手数料問題にも焦点を当てて市場WGでは議論をし
　　　ました。そのうえで、原則では、取組方針の公表を通じた金融機関の対応

姿勢の明確化や従業員向けの動機づけを加えました。

◆ 他の２つのコード以上に金融庁関与の必要性を明確に記述

信森：FDを規制にする対応もあったと思いますが、なぜ、規制にしなかったのでしょうか。

中島：規制化を求める声は市場WGでも少なくありませんでした。しかし、顧客本位に向けた課題は規制では必ずしも解決できないという共通認識が金融庁内にありました。なぜなら、課題は法令上の規制遵守のもとで発生していたからです。このことをふまえて、２つのコード（コーポレートガバナンス・コードとスチュワードシップ・コード）と同様のアプローチがありうると考え、FDに関するコードの作成を目指しました。その際、FDは①受託者責任ととらえられていて販売業者には必ずしも適合しないこと、②コモンローに固有の概念ととらえられがちなこと、③Dutyでは義務的な色彩が強いこともふまえ、日本語化するときには顧客本位の業務運営に関する原則という用語を使い、対象を幅広くとらえたうえで規制ではないことを明確にしています。

信森：規制化しないことのメリットは何でしょうか。

中島：１つはベスト・プラクティスを追求しやすいことです。この点は、「顧客本位の業務運営に関する原則」（以下「原則」）の「経緯及び背景」で「これまで、金融商品の分かりやすさの向上や、利益相反管理態勢の整備と言った目的で法令改正等が行われ、投資者保護のための取組みが進められてきたが、一方で、これらが最低基準（ミニマム・スタンダード）となり……」と示しています。より正確には、「これらが行動の標準となり」ということができると思います。個々の業務に沿ったベスト・プラクティスを目指す観点からは、抽象的にプリンシプルとして示すほうが、ルール（規制）として具体的な行動規範を示すより望ましいと考えました。

信森：規制にしなかった理由は理解しましたが、プリンシプルでは実効性が弱いのではないでしょうか。特にホールセール投資家とリーテイル顧客では市場メカニズムの強さが変わると思います。

図表Ⅲ−1　「顧客本位の業務運営に関する原則」の定着に向けた取組み

1．金融事業者の取組みの「見える化」

・各金融事業者においては、顧客本位の業務運営の定着度合いを客観的に評価できるようにするための成果指標（KPI）を、取組方針やその実施状況の中に盛り込んで公表するよう働きかけ
・本年6月末から当面四半期ごとに、取組方針を策定した金融事業者の名称とそれぞれの取組方針のURLを集約し、金融庁ホームページにおいて公表

3．顧客の主体的な行動の促進

・実践的な投資教育・情報提供の促進
　—投資初心者向けの教材を関係者で作成し、広く活用
　—商品比較情報等の提供のあり方について、ワーキンググループを設置し、議論を整理
・長期・積立・分散投資を促すためのインセンティブ
　—積立NISA対象商品の商品性の基準の公表
　—上記を踏まえ、長期・積立・分散投資に適した投資信託の提供促進

2．当局によるモニタリング

・金融事業者における業務運営の実態を把握し、ベスト・プラクティスを収集
・収集されたベスト・プラクティスや各事業者が内部管理上用いている評価指標などを基に、金融事業者との対話を実施。「原則」を踏まえた取組みを働きかけ
・各金融事業者の取組方針と、取組みの実態が乖離していることは無いか等について、当局がモニタリングを実施
・モニタリングを通じて把握した事例等については、様々な形での公表を検討

4．顧客の主体的な行動を補う仕組み

・第三者的な主体による金融事業者の業務運営の評価
　—客観性、中立性、透明性が確保される形での、民間の自主的な取組みを引き続き促進
・顧客にアドバイス等を行う担い手の多様化
　—販売会社等とは独立した立場でアドバイスする者などに対する顧客のニーズに適切に対応できるよう必要な環境整備

（注）　（金融庁資料）「定着に向けた取組み」より抜粋。

中島：たしかに、リーテイル市場では資本市場ほどには市場メカニズムが働きにくいという認識はありました。原則も「金融事業者が顧客から選択されていくメカニズムの実現が望ましい」という表現にとどめています。こうしたこともふまえて、「「顧客本位の業務運営に関する原則」の定着に向けた取組み」（2017年3月、図表Ⅲ−1参照）（以下「定着に向けた取組み」）に「各金融事業者の取組方針と、取組みの実態が乖離していることはないか等について、当局がモニタリングを実施」することを盛り込み、金融庁関与の必要性を2つのコード以上に明確にしました。

◆取組方針はお題目ではなく規範である

信森：原則のもとでは金融庁の検証対象も規制の遵守状況から取組方針の遵守状況に変わるわけですね。取組方針が重要と理解してよろしいでしょうか。

中島：そのとおりです。取組方針は、金融機関が自ら策定し、自律的な規範として意識することが大切です。他方、原則が目指す「顧客による選択のメカニズム」を実現するためには、顧客に訴求する特徴ある取組みとわかりやすさが求められます。このため、画一的な雛形を用いないことが重要です。この点は、市場WGのなかでも指摘されていました。

信森：中島さんが、金融機関に考えてもらうために雛形策定に反対したことはよく覚えています。ただ、各金融機関が策定している現状の取組方針は、原則の各項目を一律採択するなど物足りなく感じます。

中島：その点は同感です。たとえば、些細なことですが、取組方針において「努めます」というような表現は、好ましくありません。気持ちはわからないではありませんが、顧客に対する宣言である以上、本来的には避けるべき表現だと思います。また、原則の各項目の実施／不実施の状況も気になっていました。注も含めて各項目すべての採択が望ましいとはいえ、むずかしいものもあるはずです。たとえば、「原則5注2」と「原則6注2」でパッケージ商品の扱いについて記載しています。仕組債や外貨建て一時払い保険について、あの記述を厳守すると、現状ほど大量には売れないはずと思っていました。そうした各原則の検討が不十分なままに採択し、販売している先には注意喚起をする必要があると考えていました。

◆取組方針の比較可能性を高めるためのインフラ整備

信森：そうした問題意識から、2019年10月に市場WGを再開したと理解していいでしょうか。

中島：企画市場局長に就任したとき、営業現場などへ原則が必ずしも十分に浸透していませんでした。このため、実態を検証したうえで、制度変更の

適否も含めて検討を行う必要があると考えていました。さらに、原則制定の過程で定期的な見直しの必要性も指摘されていました[1]。こうしたことをふまえて検討を再開しました。

信森：検討結果のポイントは何だったのでしょうか。

中島：さまざまありますが、改訂の1つのポイントは重要情報シートの導入です。海外の事例を参考にしながら、どの金融機関を訪れてもわかりやすい説明を受け、顧客が金融商品を比較、選択しやすくすることが望ましいと考えて導入を決めました。この重要情報シートの作成にあたっては、組成会社もインベストメント・チェーンの一員として想定顧客を意識することが必要です。組成した商品を誰にどのように販売するかはすべて販売会社の責任とはならないと思います。逆に、想定顧客を明確にしたうえで特定の商品を扱う専門型の販売会社があってもよいと思います。

信森：総合政策局長時代の中島さんから、市場WG提言をふまえた「見える化」の枠組みづくりで、何度もご指導いただいたことを記憶しています。

中島：取組方針の比較可能性を高める「見える化」では、事業者リストを通じて顧客が事業者を選択する環境づくりを意識しました。金融庁の役割はインフラ提供であって、取組方針の良し悪しについては、基本的には実質判断をしない建付けとしています。言い換えれば、原則の一部項目の未採択も含めて、さまざまなビジネスモデルを許容しています。もちろん、金融庁が、取組方針と実態との乖離をモニタリングする前提として、内容については対話をしないということではありません。

信森：さまざまなビジネスモデルを許容するといっても、顧客に実際に「最善の利益」がもたらせているかが重要だと思います。この点は、どう考えるのでしょうか。

中島：原則の定着と顧客による選択のメカニズムの実現には、取組みを客観

1　原則の策定過程で「金融事業者自身には定期的な見直しを要求しておられますけれども、プリンシプル自体も定期的な見直しをして、実質的な正統性と申しますか、プリンシプルの中身自体が適切妥当であるということを、少なくとも手続的に確保することが重要」（2018年11月第10回における神作教授の発言）と指摘されていた。

顧客本位原則の究極的な目的は、将来に備えた国民の資産形成　131

的に評価するための成果指標（KPI）が必要です。このため、自主的な
KPI公表を促してきた一方、比較可能性には課題がありました。こうした
なか、一部の地銀で自主的に開示していた投資信託に係るKPIについて、
全銀協との協議などをふまえて、共通KPIとして他の金融機関にも幅広く
集計を求めることにしました（2018年6月）。その後、外貨建て保険につい
ても、投信業界からの「保険の開示が少ないのは不公平」との指摘も意識
して、共通KPIを導入しました（2022年1月）。さまざまなビジネスモデル
や提案・販売手法が、顧客に最善の利益をもたらしているか、定量的に判
断するための指標は必要だと思います。

◆ 原則の（一部）ハードロー化のインパクト

信森：市場WGの提言をふまえて、ルールも取り入れられています。プリン
シプルの限界を認識されたためでしょうか。

中島：原則策定時から、原則（プリンシプル）だけで課題が解決できるわけ
ではないという認識はありました。ルールとプリンシプルを組み合わせな
がら、適切な対応を行っていくことが重要で、必要に応じてルール整備も
必要と考えていました。こうした観点から、適合性原則に関する監督指針
等を改定しました。これは、適合性原則に関する法令を監督上の対応の具
体的な規範として使えるものにしてほしいという証券取引等監視委員会の
要望をふまえたもので、市場WG（2020年6月の第29回）で議論した内容を
反映しています。

信森：長官になられても、顧客本位に強い関心をもっておられることは説明
のたびに感じておりました。そうしたなか、2023年に顧客本位タスク
フォースの議論を経て「顧客等に対する誠実公正義務」の新設等を目指す
ことになったわけですが、そのねらいはどういったところにあるのでしょ
うか。

中島：「顧客の最善の利益をふまえた誠実公正義務」の新設は、NISAの恒
久化・拡充を含む「資産所得倍増プラン」のもとで、国民の金融資産を預
金口座から投資商品へシフトさせるための環境整備の1つです。利用者の

金融リテラシーを高めていく施策をとる一方で、金融機関による顧客本位の対応の定着・底上げを図ることは重要な課題だと考えました。このための方策として、原則をソフトローから法令に根拠を置くハードローへ格上げすることにしました。もっとも、行動基準の細部まで法令化するのではなく、引き続き、原則の趣旨に沿って金融機関が自ら考えるとの姿勢に変更はありません。

信森：興味深いのは年金基金も義務の対象とされていることです。

中島：年金の原資が長期的に増大できているかといった点は、現状の枠組みでは十分に目が行き届いていないと感じていました。そのため、「資金の流れ」を変えて、年金基金も含めて企業の成長の果実を家計も享受する観点から、金融庁としても年金基金の状況をみていく必要があると思います。年金基金が金融庁の監督対象となったわけではありませんが、法令化が実現すれば、関係省庁とともに実態把握していくことが考えられるでしょう。

信森：義務化が金融庁による行政上の対応につながらないか危惧する声もあるようです。

中島：法制化については、インベストメント・チェーン全体で国民の資産形成を図ることが目的であって、事業者の行政処分が目的ではありません。たとえば、結果として市況によって運用成果が芳しくないことを理由に処分するといったことは想定していません。一方で、資産運用や販売の実態等が法律上の要請に著しく反する場合には、各業法をふまえて個別に行政上の対応を行うことをいっさい排除するものでもありません。金融機関には自らが考える顧客の最善の利益を明確化し、そのための手法を整理した取組方針の策定とその実施に、真剣に取り組むことが求められています。

◆顧客目線を意識した対応に期待

信森：長官を退任されたわけですが、今後、金融庁職員や金融業界に期待することをお願いします。

中島：金融庁職員に対しては、庁内で連携して横串でモニタリングをしてい

くことを期待しています。業態による縦割りの監督だけでなく、業横断的な対応が重要という問題意識を持ち続けています。原則に基づく取組方針を切り口に、顧客目線を意識した行政を行ってほしいと思います。

　また、国民の金融リテラシーの向上も重要な課題です。個人的にも、大蔵省金融企画局の課長補佐の時以来、総務企画局政策課長として金融経済教育研究会（2012年11月〜、2013年4月30日に報告書を公表）も担当し、直接かかわり続けています。行政にとって一般国民を対象とする施策は、対金融機関とは異なるむずかしい面がありますが、ぜひ、チャレンジしてほしいし、金融業界の取組みにも期待しています。

信森：最後に何かございますか。

中島：顧客本位を実現していくためには、金融庁対金融機関という対立構造ではなく、両者が連携して、顧客に対して金融部門がどのような付加価値を提供できるかを考えるという視点も重要だと思います。顧客本位にそぐわない取組みに対しては課題として指摘しつつ、よりよい取組みをサポートする姿勢も重要だと思います。

中島淳一（なかじまじゅんいち）
プロフィール

1985年　東京大学工学部卒業、同年大蔵省（現・財務省）入省。
1995年　ハーバード大学修士。

その後、JETROバンクーバー事務所長、財務省理財局国債企画課長、金融庁総務企画局政策課長、同総務課長、同審議官、総合政策局総括審議官、企画市場局長、総合政策局長を経て、2021年7月より2023年7月まで金融庁長官。

ビジネスモデル転換を伴う
顧客本位の実現は「道半ば」

学習院大学教授　神田　秀樹

◆原則は市場型間接金融に向けた業横断的な法整備の一環

信森：神田先生は、長らく、金融制度・金融法の改革に携わってこられました。「顧客本位の業務運営に関する原則」（以下「原則」）は、そうした改革のなかで、どう位置づけられるのでしょうか。

神田：原則は、投資信託販売における課題への対処を契機としつつも、背景には「新しい金融の流れに関する懇談会」（以下「流れ懇」）をふまえた問題意識があります。具体的には、蠟山昌一先生が「金融ビッグ・バン後のビッグ・バン」[1]で示された、①日本の金融にどのような新しい流れが定着するかを展望すること、②そのような新しい流れに応じて、どのような新しい金融制度、特に金融法制を用意しておく必要があるかを検討すること、という課題への対応の１つと位置づけられます。

信森：大きな２つの方向性があるわけですね。うち蠟山先生のいう「新しい流れ」は間接金融中心から直接金融も活用した金融システムへの転換と理解してよろしいでしょうか。

神田：そのとおりです。より正確にいえば、預金に偏在した資金が資本市場分野に流れることが目指されました。具体的には、預金者が直接、証券投資をするわけでもないため、業者が間に入る、いわゆる「市場型間接金融」が重要になると考えられました。その際には、預金者と市場の間に入る専門業者に関する制度を整備する必要があること、具体的には年金と投

1　蠟山昌一「ビッグ・バン後のビッグ・バン」（金融1998年７月号所収）。

資信託の充実が意識されたものです。

信森：もう１つの金融法制との関係性では、原則は、いわゆる横断的な法制
整備の一環ということになるのでしょうか。

神田：ご指摘のとおり、原則は、業態をまたがる横断的な法制整備の一環と
しても位置づけられます。ここでいう横断化は「誰が行うか」ではなく、
「何が行われるか」に応じたルールづくりであり、今日的な表現では、
「Same Function, Same Riskであれば、Same Regulation」ということに
なるでしょう。原則も「金融事業者」という用語で幅広い事業者を対象に
取り込んでいます。

信森：横断的な法制整備と原則との関係をもう少し具体的に教えていただけ
ますか。

神田：歴史的な経緯としては、ホップ・ステップ・ジャンプの３段階が期待
され、現在は（いわゆる）金融サービス提供法[2]が、銀行・証券・保険等
を対象として、一定程度、横断的な法制を実現しています。沿革的には、
ホップが金融商品販売法（2000年成立）で、幅広い金融商品の販売に関し

2　正式名称は「金融サービスの提供に関する法律」。幅広い業者に元本割れリスクや信
用リスクなどの説明義務を課し、違反時には顧客が損害賠償を請求できるとしている。

て損害賠償などについて民法の特別規定を設けました。ステップが金融商品取引法（2006年の証券取引法改正、以下「金商法」）であり、証券分野以外にもデリバティブ預金や変額保険など投資性の強い商品も対象に取り込み、適合性原則や説明義務を業横断的に課しました（いわゆる投資サービス法制）。さらに、2020年に金融商品販売法が、第二次仲介としての金融サービス仲介業者を取り込むかたちで金融サービス提供法として整備されています（ただし、対象商品を限定するところから出発）。こうした流れの一環として、原則が2017年に策定されていると理解することができます。

信森：横断的な法制整備のジャンプには至っていないのでしょうか。

神田：ジャンプは、いわゆる「金融サービス法」で、まだ実現はしていません[3]。ただし、金融サービス提供法の改正が目指されています。具体的には、誠実公正義務が課される先（名宛人）は、現状、金商法36条１項等で金融商品取引業者等とされている点に関し、金融サービス提供法では、名

図表Ⅲ－２　金融・資本市場法制の横断化（現在）

「金融商品販売法」は、2020改正で、法律の題名を「金融サービスの提供に関する法律」に

3　金融審議会第一部会報告「投資サービス法（仮称）に向けて」（平成17年12月22日）14頁では、「適正な利用者保護と市場における不公正取引の防止によって、公正かつ円滑な価格形成を軸とする市場機能を十分に発揮し得る、公正・効率・透明かつ活力ある金融システムを構築することを目的」とする法律が投資サービス法と整理されているが、これをさらに進めると金融サービス法となる。

宛人を広く金融サービスの提供等に係る業務を行う者に統合・拡張する法案が提出されています。この法案が成立すれば、リスク性商品の販売に関して業態にとらわれない誠実公正義務の横断化が実現することになります[4]。

◆顧客本位の実践をめぐる競争促進を意図

信森：2つの方向性をふまえつつも、原則が策定された契機は何だったのでしょうか。

神田：原則策定の直接の経緯は、当時の投信販売に対する3つの課題、具体的には、①高い手数料、②ノルマ営業をはじめとする販売の問題、③系列投信会社の優遇への対処にありました。こうした課題に対して、すでにコーポレートガバナンス・コード、スチュワードシップ・コードを通じてプリンシプルのメリットに対する期待もありプリンシプルとして策定されたわけです。なお、米国法のFiduciary Dutyは、Broker、Dealerが対象外などの特徴があるなか、原則では対象範囲を広くすることに伴う誤解を避ける観点から、日本語化した経緯もあります。

信森：プリンシプルのメリットとは具体的に何なのでしょうか。

神田：原則というかたちをとったのは、顧客のために金融事業者により「競いあってもらう」ことが望ましいという点が意識されています。法律にしてしまうと、従来同様、遵守（コンプライ）だけすればよいことへの懸念があったともいえます。

信森：プリンシプルに基づく原則で投資信託の課題には対処できたとお考えでしょうか。

神田：一定の成果はあったのではないでしょうか。たとえば、1990年代から、投資信託研究会などが投資信託市場の規模を拡大しようとしていましたが、1998年の金融システム改革法で銀行による投資信託販売が認められることとなり、その結果、投資信託市場の規模は拡大しています。そし

4　コラム13参照。

て、原則の策定によって顧客本位が重視され、投資信託の販売の実務において一定の進展もありました。ただ、その一方で、ビジネスモデル転換を伴う顧客本位の実現は「道半ば」といわざるをえないでしょう。

◆ 高齢者への不適合商品の販売は日本独自の課題

信森：顧客本位が「道半ば」の要因は、どういったところにあるとお考えですか。

神田：2つの要因があると考えています。1つはプリンシプルであるにもかかわらず、金融事業者の対応が横並びで標準的・形式的なコンプラに陥ったことです。これはコーポレートガバナンス・コードも同様で、全83個の規範をフル・コンプライすることを強調する例が多く、その一方で、エクスプレインする場合には「検討中」とだけエクスプレインして何年も放置するなど不十分な例が少なからずみられます。もう1つは、顧客本位というと英米では利益相反管理に重点があるのに対して、日本では金商法40条「適合性の原則」や原則6「顧客にふさわしいサービスの提供」の運用に不十分さが目立ったことです。

信森：適合性原則の適用の不十分さとは具体的にどういうことでしょうか。

神田：適合性の原則が「説明をすれば販売してよい」と理解されていることです。たとえば、米国におけるRegulation Best Interest（2019年に策定）は、販売会社や営業員に対して、顧客のBest Interest追求のため、①情報の開示、②善管注意義務、③利益相反問題への対処（軽減措置を含む）などが課されていますが、主眼は利益相反です。この利益相反は顧客への情報開示で解消されるわけではなく、一定期間における特定商品等の推奨に係るインセンティブや販売ノルマ設定の禁止など、商品のなかから顧客の最善の利益に資するもの、顧客にふさわしいものを販売することを求めています。

信森：法制度の建付けの問題ですか。

神田：むしろ、日本の販実実態が影響していると感じます。日本では、リスク性商品の販売の多くは高齢者を相手に行われてきました。このため、高

齢者販売を前提に、金商法の「適合性の原則」は、一定の顧客への販売を禁止したものというよりも、実務上、販売する商品を決めたうえで、「説明をすれば高齢者に売ってもよい」と考えられてきました。一方、原則6「顧客にふさわしいサービスの提供」は、原則2「顧客の最善の利益」をふまえて、商品横断的に「顧客にふさわしくない商品は販売しない」、さらには「複数ある商品のなかで顧客にふさわしい商品を販売するべき」と考えられるべきです。しかしながら、法律と同様、先に商品を決めて、それを「説明さえすれば販売してよい」と理解されていることが課題です。

信森：販売実態とは、次々と課題のある商品が売られることも意味しているのでしょうか。

神田：ご指摘のとおりです。仕組みが複雑な商品の販売が社会問題化すると、他の商品販売にかえ、ほとぼりが冷めた頃にまた別の複雑なリスク商品の販売を再開する動きはやんでいないようにみえます。金商法36条に誠実公正義務があり、この義務に基づく販売・提案方法を考えれば、商品を「説明すれば売ってよい」という発想にはならないはずです。商品提案の実務が地に足がついたものとなっておらず、「誠実公正義務」や「適合性の原則」についてその本来の趣旨が誤解されている面があります。このことを是正するために顧客本位原則が策定されましたが、基本認識のレベルで大きな変化は生じていないでしょう。

◆業法に基づく監督当局の対応は依然として必要

信森：原則に関しては、執行面での課題も指摘されているようです。

神田：原則の実現（Enforcement）は、欧米での法制化の進展とともに、金融審議会のWGでも法令化を主張する論拠として強く指摘されました。この対処として、原則策定前後の議論を経て金融庁の対応が強化されています。具体的には、プリンシプル方式では執行力が十分ではないとの意見がパブリックコメントでも多く出されたため、金融庁は2017年3月の原則策定時に「定着に向けた取組み」を公表しました。考え方としては、原則に基づく取組方針の実現は市場に任せるが、当面は金融庁が監視する必要が

あることが意識されています。

信森：実現に関しては、先ほどご指摘があった金融サービス提供法改正により公正誠実義務の横断化が進めば強化されると考えてよいでしょうか。

神田：「顧客の最善の利益の考慮」を含む公正誠実義務の横断化は、顧客本位原則のうち行為に係る原則3〜6を含むすべてを法令化するものではなく、一般規定を法律に置くものにすぎません。それでも当局によるEnforcementというかたちで、強制力が一定程度は強まることはたしかです。その一方で、かつて「流れ懇」をふまえて整理した「取引ルール、業者ルール、市場ルール」に即して考えれば、依然として取引ルールと市場ルールの強化という課題は残っているでしょう[5]。

信森：残る課題とは行政によるモニタリング強化ですか。

神田：それにとどまりません。たとえば、金融庁は業法の一般条項の適用にきわめて慎重です。しかしながら、経済法令については、もっと積極的に対応する必要があるのではないでしょうか。論理的には取引ルールが完全に機能すれば業法は要らないわけですが、現実はそうでなく、業法に基づく監督当局の対応は必要であるだけでなく重要と思います。

信森：司法による強制が弱いことも課題のように感じます。

神田：裁判等を通じたEnforcementに関しては、日本でも販売時の説明義務違反を問題にする民事裁判は多いです。ただ、説明義務は言った言わないの個々の事実認定の問題に陥り、過失相殺で終結する事例がほとんどのようです。欧米では仲裁条項やオンブズマン制度のもとで裁判外紛争処理手続が利用され、迅速なかたちでの紛争解決が行われ、それが業者側の適切な対応をしばしば促します。日本でも、ADRが利用されてはいますが、業者の販売姿勢の変化に至っているとまではいえないように思います。

信森：金融庁も苦情は直接みており、必要に応じて金融機関に対応を促しています。

神田：苦情をもっと重視することは有益でしょう。顧客本位の担当部署は、

5　神田秀樹「金融サービス法への主要論点：金融審議会第一部会中間整理を契機として」（信用金庫1999年10月号所収）。

経営企画部門と顧客対応部門の両パターンがありますが、顧客に近い後者のほうが地に足がついている印象です。前者の対応は筋が通っていても現場に腹落ちしない場合があるようです。

◆顧客を基軸にした非金融分野への進出も考えられる

信森：営業現場の実践的な知恵が大切ということでしょうか。

神田：顧客の最善の利益の確保には、何より、現場での実践が大切です。このため、原則7は「適切な動機づけの枠組み等」の対象を、あえて役職員ではなく従業員としました。直接、顧客に接している営業職員は、本部に指示をされるまでもなく、顧客本位を実践していることが少なくないとも感じていたことが背景です。そうだとすると、本部が行うべきことはノルマ営業の廃止や業績評価上の工夫等が中心となるのではないでしょうか。また、取組方針を通じた自律的な対応として、欧米の金融機関のなかにはCode of Conductを策定し、行動宣言としている例もあります。原則が規範として機能するための素地の整備が各金融事業者において行われることも必要だと思われます。

信森：モニタリングからは、現場と本部が一体となった全行的な取組みが大切と感じていました。ただ、どこから手をつけてよいか迷っている金融機関も多いようです。

神田：それぞれがやれることから対応するということでしょうが、まず、顧客を意識する仕組みができてないように思えます。高齢者に売りすぎであることを見直し、商品ごとに想定顧客を明確に意識する必要があるでしょう。この点で、現状の想定顧客についての開示が示すような「投資経験のある人」では抽象的すぎて十分でありません。想定顧客を具体的に検討し明示するべきであり、それを通じて、顧客の最善の利益や、その実現方法が明確になっていくのではないでしょうか。そして、さらに基本的なこととして、販売に頼った収益構造やビジネスモデルを変える必要があるのではないでしょうか。

信森：ビジネスモデル見直しに関してご意見はございますか。

神田：金融業は飽和状態である一方、非金融業においては健康や福祉等を中心にビジネス機会はあるように見受けられます。超高齢社会においては、「お金の健康」のみならず、「体の健康」（医療の適切な提供）や「心の健康」（日常生活支援など）まで踏み込む必要があります。そうした顧客の生活の全体的な支援に熱心な金融機関はいまだ少ないのではないでしょうか。

信森：非金融分野への進出は、金融機関が過度にリスクをとることになりませんでしょうか。

神田：リスク管理の観点からは、金融業以外を行うほうがリスク分散になるという考え方もあります。このため、いまの規制の枠組みのなかで、リスク管理やガバナンスがしっかりしている金融機関が実施可能な業務の範囲は広がっています。

◆ 危機感の醸成が望まれる

信森：規制の考え方も変わっているわけですね。

神田：従来は、他業禁止のもと、銀行は銀行業だけしかやれないという直接規制でした。しかし、いまは、リスク管理やガバナンスを整備させる間接的なアプローチを重視しています。その場合、リスク管理の観点から、3線管理の有効性強化や、2線や3線が1線に対してモノをいう文化の定着も必要となります。さらに、銀行員は投資で損をさせた顧客には二度と往訪できないと聞きますが、こうした文化を改める必要もあるでしょう。

信森：原則の定着に向けて必要なことは何でしょうか。

神田：定着は道半ばですが、7年間で進展はしてきているでしょう。しかし、原則の定着を阻む上記2つの要因は拭えていません。これを打破するためには、全体として「貯蓄から投資へ」に対する国民の受け止め方を変え、金融機関におけるビジネスモデル変革や企業文化の変革に向けた問題意識の醸成が必要ではないでしょうか。ただ、全体的に危機感が乏しいことが問題と感じています。

信森：金融庁が意識すべきことは何でしょうか。

神田：金融庁は、1つ1つの施策以上に、根本的な危機意識（危機感のなさ）に働きかける必要があるのではないでしょうか。簡単ではないですが、大胆な施策を目指してほしいと思います。危機感のなさへ対処しないと将来の日本はジリ貧になってしまいます。そういった視点から金融機関に危機感をもってもらう施策が必要ではないかと感じています。

神田秀樹（かんだひでき）
プロフィール

1977～1980年	東京大学法学部 助手
1980～1982年	学習院大学法学部 講師
1982～1988年	学習院大学法学部 助教授
1988～1991年	東京大学法学部 助教授
1989年等	University of Chicago Law School 客員教授
1991～1993年	東京大学大学院法学政治学研究科 助教授
1993～2016年	東京大学大学院法学政治学研究科 教授
1996年	Harvard Law School 客員教授
2016年～	学習院大学大学院法務研究科 教授
2016年～	東京大学 名誉教授

〈関係資料１〉「貯蓄から投資へ」関連年表

1998年（平成10年）
・12月：銀行による投資信託販売の解禁
2001年（平成13年）
・4月：銀行における保険の窓口販売の解禁
・10月：確定拠出年金制度開始
2008年（平成20年）
・4月：「金融サービス業におけるプリンシプルについて」公表
2014年（平成26年）
・1月：NISA開始
2016年（平成28年）
・5月：市場ワーキンググループ開始（12月まで全12回）
・12月：金融審議会金融市場ワーキング・グループ報告書（12月22日）
2017年（平成29年）
・3月：「顧客本位の業務運営に関する原則」及び「『顧客本位の業務運営に関する原則』の定着に向けた取組み」を公表
2018年（平成30年）
・6月：投資信託にかかる共通KPIの公表
・10月：「コンプライアンス・リスク管理に関する検査・監督の考え方と進め方（コンプライアンス・リスク管理基本方針）」公表
2019年（平成31年・令和元年）
・6月：「金融検査・監督の考え方と進め方（検査・監督基本方針）」公表
・10月：市場ワーキング・グループ再開（25回〜：令和２年まで全７回）
2020年（令和２年）
・8月5日：市場ワーキング・グループ報告書「顧客本位の業務運営の進展にむけて」公表
2021年（令和３年）
・1月：顧客本位原則の改訂
・6月：「見える化」開始（取組方針のみ）
・9月：「金融事業者リスト」公表
2022年（令和４年）
・1月：外貨建て一時払い保険にかかる共通KPIの公表
・9月：顧客本位タスクフォース開始（〜12月まで全５回）
・12月：TF報告書
2023年（令和５月）
・6月：金融サービス法改正

〈関係資料２〉顧客本位の業務運営に関する原則

2017年３月30日（2021年１月15日改訂）　金融庁

経緯及び背景

　2016年４月19日の金融審議会総会において、金融担当大臣より、「情報技術の進展その他の市場・取引所を取り巻く環境の変化を踏まえ、経済の持続的な成長及び国民の安定的な資産形成を支えるべく、日本の市場・取引所を巡る諸問題について、幅広く検討を行うこと」との諮問が行われた。この諮問を受けて、金融審議会に市場ワーキング・グループが設置され、国民の安定的な資産形成と顧客本位の業務運営（フィデューシャリー・デューティー[1]）等について審議が行われた。

　市場ワーキング・グループでは、国民の安定的な資産形成を図るためには、金融商品の販売、助言、商品開発、資産管理、運用等を行う全ての金融機関等（以下「金融事業者」）が、インベストメント・チェーンにおけるそれぞれの役割を認識し、顧客本位の業務運営に努めることが重要との観点から審議が行われ、12月22日に報告書が公表された。その中で、以下のような内容が示された。

・これまで、金融商品の分かりやすさの向上や、利益相反管理体制の整備といった目的で法令改正等が行われ、投資者保護のための取組みが進められてきたが、一方で、これらが最低基準（ミニマム・スタンダード）となり、金融事業者による形式的・画一的な対応を助長してきた面も指摘できる。

・本来、金融事業者が自ら主体的に創意工夫を発揮し、ベスト・プラクティスを目指して顧客本位の良質な金融商品・サービスの提供を競い合い、より良い取組みを行う金融事業者が顧客から選択されていくメカニズムの実現が望ましい。

・そのためには、従来型のルールベースでの対応のみを重ねるのではなく、プリンシプルベースのアプローチを用いることが有効であると考えられる。具体的には、当局において、顧客本位の業務運営に関する原則を策定し、金融事業者に受け入れを呼びかけ、金融事業者が、原則を踏まえて何が顧客のためになるかを真剣に考え、横並びに陥ることなく、より良い金融商品・サービスの提供を競い合うよう促していくことが適当である。

　また、報告書では、顧客本位の業務運営に関する原則（以下「本原則」）に盛り込むべき事項についても提言がなされた。この提言を受け、2017年３月30日、本原則が策定された。

　本原則策定後、金融事業者の取組状況や本原則を取り巻く環境の変化を踏まえ、2019年10月から市場ワーキング・グループが再開され、顧客本位の業務運営

1　フィデューシャリー・デューティーの概念は、しばしば、信託契約等に基づく受託者が負うべき義務を指すものとして用いられてきたが、欧米等でも近時ではより広く、他者の信認に応えるべく一定の任務を遂行する者が負うべき幅広い様々な役割・責任の総称として用いる動きが広がっている。

の更なる進展に向けた方策について検討が行われた。

　同ワーキング・グループにおいては、本原則の具体的内容の充実や金融事業者の取組の「見える化」の促進などに関する議論があり、本原則の改訂案について提言が行われた。当該提言を受け、2021年1月15日、本原則の改訂を行った。

本原則の目的

　本原則は、上記市場ワーキング・グループの提言を踏まえ、金融事業者が顧客本位の業務運営におけるベスト・プラクティスを目指す上で有用と考えられる原則を定めるものである。

本原則の対象

　本原則では、「金融事業者」という用語を特に定義していない。顧客本位の業務運営を目指す金融事業者において幅広く採択されることを期待する。

本原則の採用するアプローチ

　本原則は、金融事業者がとるべき行動について詳細に規定する「ルールベース・アプローチ」ではなく、金融事業者が各々の置かれた状況に応じて、形式ではなく実質において顧客本位の業務運営を実現することができるよう、「プリンシプルベース・アプローチ」を採用している。金融事業者は、本原則を外形的に遵守することに腐心するのではなく、その趣旨・精神を自ら咀嚼した上で、それを実践していくためにはどのような行動をとるべきかを適切に判断していくことが求められる。

　金融事業者が本原則を採択する場合には、顧客本位の業務運営を実現するための明確な方針を策定し、当該方針に基づいて業務運営を行うことが求められる。自らの状況等に照らして実施することが適切でないと考える原則があれば、一部の原則を実施しないことも想定しているが、その際には、それを「実施しない理由」等を十分に説明することが求められる。

　具体的には、本原則を採択する場合、下記原則1に従って、
・顧客本位の業務運営を実現するための明確な方針を策定・公表した上で、
・当該方針に係る取組状況を定期的に公表するとともに、
・当該方針を定期的に見直す
ことが求められる。さらに、当該方針には、下記原則2～7（これらに付されている（注）を含む）に示されている内容毎に、
・実施する場合にはその対応方針を、
・実施しない場合にはその理由や代替策を、
分かりやすい表現で盛り込むとともに、これに対応した形で取組状況を明確に示すことが求められる。

本原則に関する留意事項

　本原則については、金融事業者の取組状況や、本原則を取り巻く環境の変化を踏まえ、必要に応じ見直しの検討を行うものとする。

【顧客本位の業務運営に関する方針の策定・公表等】

> 原則1．金融事業者は、顧客本位の業務運営を実現するための明確な方針を策定・公表するとともに、当該方針に係る取組状況を定期的に公表すべきである。当該方針は、より良い業務運営を実現するため、定期的に見直されるべきである。

（注）　金融事業者は、顧客本位の業務運営に関する方針を策定する際には、取引の直接の相手方としての顧客だけでなく、インベストメント・チェーンにおける最終受益者としての顧客をも念頭に置くべきである。

【顧客の最善の利益の追求】

> 原則2．金融事業者は、高度の専門性と職業倫理を保持し、顧客に対して誠実・公正に業務を行い、顧客の最善の利益を図るべきである。金融事業者は、こうした業務運営が企業文化として定着するよう努めるべきである。

（注）　金融事業者は、顧客との取引に際し、顧客本位の良質なサービスを提供し、顧客の最善の利益を図ることにより、自らの安定した顧客基盤と収益の確保につなげていくことを目指すべきである。

【利益相反の適切な管理】

> 原則3．金融事業者は、取引における顧客との利益相反の可能性について正確に把握し、利益相反の可能性がある場合には、当該利益相反を適切に管理すべきである。金融事業者は、そのための具体的な対応方針をあらかじめ策定すべきである。

（注）　金融事業者は、利益相反の可能性を判断するに当たって、例えば、以下の事情が取引又は業務に及ぼす影響についても考慮すべきである。
- ・販売会社が、金融商品の顧客への販売・推奨等に伴って、当該商品の提供会社から、委託手数料等の支払を受ける場合
- ・販売会社が、同一グループに属する別の会社から提供を受けた商品を販売・推奨等する場合
- ・同一主体又はグループ内に法人営業部門と運用部門を有しており、当該運用部門が、資産の運用先に法人営業部門が取引関係等を有する企業を選ぶ場合

【手数料等の明確化】

> 原則4．金融事業者は、名目を問わず、顧客が負担する手数料その他の費用の

> 詳細を、当該手数料等がどのようなサービスの対価に関するものかを含め、顧客が理解できるよう情報提供すべきである。

【重要な情報の分かりやすい提供】

> 原則5．金融事業者は、顧客との情報の非対称性があることを踏まえ、上記原則4に示された事項のほか、金融商品・サービスの販売・推奨等に係る重要な情報を顧客が理解できるよう分かりやすく提供すべきである。

（注1）　重要な情報には以下の内容が含まれるべきである。
・顧客に対して販売・推奨等を行う金融商品・サービスの基本的な利益（リターン）、損失その他のリスク、取引条件
・顧客に対して販売・推奨等を行う金融商品の組成に携わる金融事業者が販売対象として想定する顧客属性
・顧客に対して販売・推奨等を行う金融商品・サービスの選定理由（顧客のニーズ及び意向を踏まえたものであると判断する理由を含む）
・顧客に販売・推奨等を行う金融商品・サービスについて、顧客との利益相反の可能性がある場合には、その具体的内容（第三者から受け取る手数料等を含む）及びこれが取引又は業務に及ぼす影響

（注2）　金融事業者は、複数の金融商品・サービスをパッケージとして販売・推奨等する場合には、個別に購入することが可能であるか否かを顧客に示すとともに、パッケージ化する場合としない場合を顧客が比較することが可能となるよう、それぞれの重要な情報について提供すべきである（（注2）～（注5）は手数料等の情報を提供する場合においても同じ）。

（注3）　金融事業者は、顧客の取引経験や金融知識を考慮の上、明確、平易であって、誤解を招くことのない誠実な内容の情報提供を行うべきである。

（注4）　金融事業者は、顧客に対して販売・推奨等を行う金融商品・サービスの複雑さに見合った情報提供を、分かりやすく行うべきである。単純でリスクの低い商品の販売・推奨等を行う場合には簡潔な情報提供とする一方、複雑又はリスクの高い商品の販売・推奨等を行う場合には、顧客において同種の商品の内容と比較することが容易となるように配意した資料を用いつつ、リスクとリターンの関係など基本的な構造を含め、より分かりやすく丁寧な情報提供がなされるよう工夫すべきである。

（注5）　金融事業者は、顧客に対して情報を提供する際には、情報を重要性に応じて区別し、より重要な情報については特に強調するなどして顧客の注意を促すべきである。

【顧客にふさわしいサービスの提供】

> 原則６．金融事業者は、顧客の資産状況、取引経験、知識及び取引目的・ニーズを把握し、当該顧客にふさわしい金融商品・サービスの組成、販売・推奨等を行うべきである。

（注１）　金融事業者は、金融商品・サービスの販売・推奨等に関し、以下の点に留意すべきである。
・顧客の意向を確認した上で、まず、顧客のライフプラン等を踏まえた目標資産額や安全資産と投資性資産の適切な割合を検討し、それに基づき、具体的な金融商品・サービスの提案を行うこと
・具体的な金融商品・サービスの提案は、自らが取り扱う金融商品・サービスについて、各業法の枠を超えて横断的に、類似商品・サービスや代替商品・サービスの内容（手数料を含む）と比較しながら行うこと
・金融商品・サービスの販売後において、顧客の意向に基づき、長期的な視点にも配慮した適切なフォローアップを行うこと

（注２）　金融事業者は、複数の金融商品・サービスをパッケージとして販売・推奨等する場合には、当該パッケージ全体が当該顧客にふさわしいかについて留意すべきである。

（注３）　金融商品の組成に携わる金融事業者は、商品の組成に当たり、商品の特性を踏まえて、販売対象として想定する顧客属性を特定・公表するとともに、商品の販売に携わる金融事業者においてそれに沿った販売がなされるよう留意すべきである。

（注４）　金融事業者は、特に、複雑又はリスクの高い金融商品の販売・推奨等を行う場合や、金融取引被害を受けやすい属性の顧客グループに対して商品の販売・推奨等を行う場合には、商品や顧客の属性に応じ、当該商品の販売・推奨等が適当かより慎重に審査すべきである。

（注５）　金融事業者は、従業員がその取り扱う金融商品の仕組み等に係る理解を深めるよう努めるとともに、顧客に対して、その属性に応じ、金融取引に関する基本的な知識を得られるための情報提供を積極的に行うべきである。

【従業員に対する適切な動機づけの枠組み等】

> 原則７．金融事業者は、顧客の最善の利益を追求するための行動、顧客の公正な取扱い、利益相反の適切な管理等を促進するように設計された報酬・業績評価体系、従業員研修その他の適切な動機づけの枠組みや適切なガバナンス体制を整備すべきである。

（注）　金融事業者は、各原則（これらに付されている注を含む）に関して実施す

る内容及び実施しない代わりに講じる代替策の内容について、これらに携わる従業員に周知するとともに、当該従業員の業務を支援・検証するための体制を整備すべきである。

おわりに

　本書刊行の背景に「官民間のコミュニケーションギャップ」があることは
「はじめに」でお示ししました。「おわりに」では、刊行の直接の切っ掛けと
もなった金融庁での2つの出来事をご紹介したいと思います。

　1つ目の出来事は金融機関の顧客本位担当者との顧客本位の取組方針に係
るやりとりです。やりとりのなかで、先方から「金融庁が好事例を公表する
ことは好ましくない。なぜなら、当行の役員は好事例が当行に適切かどうか
を意識せずに導入を求めるから」といった意見が出されました。取組方針に
おける工夫していた点をお聞きした後に、「何か金融庁に要望があるか」とお
聞きしたことへの回答です。金融機関の役員の方々が金融庁や他行を気にして
いることは理解していましたが、金融庁がよかれと思ったことが、必ずしもよ
い効果を生んではいない可能性があることをあらためて感じた出来事でした。

　もう1つは公表資料「定着に向けた取組み」が金融庁内で十分に認識され
ていないことです。金融庁は概して後任等への引継ぎや部署間での情報共有
に注力しています。私もコンダクト企画室長の就任直後に周囲の方々からさ
まざまなことを教えていただきました。しかしながら、この公表資料の説明
は受けた記憶がなく、私自身が過去の資料をみていくなかで偶然に発見しま
した。その後、中島顧問と会話した際に「作成に大変、苦労した資料」であ
ることや神田先生へのインタビューにおいても、その重要性をお聞きしまし
た。そうした策定関係者の想いが、徐々に薄まってしまっているようです。
もちろん、行政の手法やあり方は愚直に同じことを繰り返すのではなく、外
部環境の変化に応じて変えていくべきでしょう。ただ、当時の状況を反映し
た想いを理解して変更する必要があるとも、私は思います。

　上記2つの出来事もミスコミュニケーションの例といえるでしょう。こう
した出来事を通じて、金融機関と金融庁のみならず、金融機関内、金融庁内
でも議論の共通土台が必要という思いを強くしてきました。もちろん、顧客
本位原則そのものが、そうした土台にすべきものなのですが、必ずしも上手

に使われていないようです。本来は、原則を解読するのではなく、原則を活用して作成した取組方針こそを議論の出発点とする必要があると私は考えます。本書は、そうした考え方からさまざまな整理を行いました。「定着に向けた取組み」について端的に書けば十分だったかもしれませんが、さまざまな背景に触れるうちに長くなってしまいました。読者の方々のご海容を願う次第です。

　金融庁を辞してから、早くも3カ月以上が経ちました。この間にも顧客本位の一段の進展に向けた機運を感じています。金融庁は、令和5事務年度の金融行政方針においても顧客本位の進展状況をしっかりとモニタリングしていく旨を明確にしています。金融庁と金融機関との建設的な対話の一助になれば幸いです。一方、私自身は、金融庁時代から感じた3つの個人的な疑問、①品揃えが多すぎないか、②技術的な提案手法に重きが置かれすぎていないか、③（金融機関のリソースに照らして）投資信託販売を無理に行いすぎていないか、を別の媒体で提示させていただきました。こうした問題意識をもとに、再び、コンサルタントとして現場での解決のお手伝いを始めています。金融庁と金融機関という金融部門全体が、顧客に対して良質なサービスを提供するために協働していくことを切に願っております。

　最後に本書の刊行でお世話になった方々に謝辞を述べたいと思います。

　第一に、（前の）コンサルタント時代や金融庁在職中に、さまざまなかたちで現場の取組みについて教えてくださった金融機関の方々に感謝したいと思います。顧客本位はきわめて実践的なものであり、そうした方々との議論なくして本書は執筆できませんでした。とりわけ、いくつかの協同組織金融機関の方々には、顧客への具体的アプローチや顧客と話す内容まで教えていただきました。リテール営業を実際に行ったことのない私には新鮮かつ興味深いものでした。

　次に、顧客本位に関して深く考える切っ掛けをくださり、さまざまな議論をさせていただいた金融庁の方々にも御礼申し上げたいと思います。特に、中島顧問には、総合政策局長から長官としての3年間、顧客本位に関して、ご指導いただきました。顧問が仰っていることは、着任直後の私には理解で

きず、「見える化」の枠組み整備に関して（記憶にあるだけでも）5回以上、局長室で議論させていただきました。そうした議論を経て漸くお考えが理解できました。また、長官時代のさまざまな追加指示は勉強になるとともに、大変楽しみでした。インタビューを快くお引き受けいただいた点も有難く存じます。

さらに、神田先生への感謝は書面では書き尽くせません。学生時代にゼミでお世話になって以降、何かわからないことがあれば、神田先生に質問する「癖」が私にはあります。そして、驚くべきことに（！）、どんな質問に対しても回答や助言をいただいてきました。単に私の知識や経験が神田先生の掌の範疇にあるということなのでしょう。感謝するとともに、その範疇から少しは飛び出さないといけないと思いつつ、今回のインタビューを通じて、あらためて学ばせていただきました。本当にありがとうございます。

加えて、金融庁長官（2007年～2009年）をされた佐藤隆文氏にも感謝申し上げたいと思います。佐藤氏にはコンサルタント時代にプリンシプルベース等を中心に金融行政の変化を教えていただき、「金融庁施策の趣旨を理解せずに批判するべきではない」といった叱責をいただいたこともあります。金融庁在籍中も折にふれて相談させていただきました。ご著書はすべて拝読し、特に「金融行政の座標軸」における「金融行政のイメージ・ギャップ」から本書の第3章「「顧客本位」に対する3つの誤解」のアイデアをいただいています。また、『資本市場とプリンシプル』は、本書を書くうえで最大限、活用させていただきました。ただ、執筆にあたって直接のご指導をいただくことはなかったため、思わぬ誤解などがないかは、やや恐れております。誤解などがあるとすると、偏に私の理解または力量不足です。

最後に、一般社団法人金融財政事情研究会出版部の花岡博さんに大変お世話になったことも感謝申し上げます。独りよがりな書き方に対して的確なコメントを頂戴しました。花岡さんの指摘がなければ、（いま以上に）かなり読みにくくわかりにくい内容になったかと思います。もとより、改善しきれなかった責任は私にあります。

信森　毅博

事項索引

【著者略歴】

信森　毅博（のぶもり　たけひろ）

コンサルタント（アクセンチュア所属）

東京大学法学部卒、1991年日本銀行入行。考査局・総務人事局・国際局・金融機構局・金融市場局においてグループ長を歴任。

2011年にコンサルタントとなり内部統制・コンプライアンス等の態勢整備などを支援。2020年より金融庁においてコンダクト企画室長として顧客本位の業務運営のモニタリング等に従事。2023年より現職。ニューヨーク州弁護士・公認内部監査人・公認不正検査士。

顧客本位の業務運営Ver2
──「見える化」を通じた実践に向けた工夫

2023年11月10日　第1刷発行

著　者	信　森　毅　博
発行者	加　藤　一　浩

〒160-8519　東京都新宿区南元町19
発　行　所　一般社団法人 金融財政事情研究会
出　版　部　TEL 03(3355)2251　FAX 03(3357)7416
販売受付　TEL 03(3358)2891　FAX 03(3358)0037
URL https://www.kinzai.jp/

DTP・校正:株式会社友人社／印刷:三松堂株式会社

ISBN978-4-322-14373-7